Roman Lead Coffins and Ossuaria in Britain

Hugh Toller

British Archaeological Reports 38
1977

British Archaeological Reports

122, Banbury Road, Oxford OX2 7BP, England

B.A.R. 38, 1977: "Roman Lead Coffins and Ossuaria in Britain"

© Hugh Toller, 1977

ISBN 9780904531732 paperback
ISBN 9781407320373 e-book
DOI https://doi.org/10.30861/9780904531732
A catalogue record for this book is available from the British Library
This book is available at www.barpublishing.com

CONTENTS

LIST OF FIGURES

LIST OF TABLES

LIST OF MAPS

PREFACE

References in brackets in the text are either to the bibliography (name, date, page number) or to individual coffins, ossuaria or lead tanks. In the latter cases, the Section of the Appendix and the number of the item are given. These are common to all three Appendices; coffins are in Section 1, ossuaria in 2 and lead tanks in 3. The third section on lead tanks and oddities of lead vessels has been added to Appendix 1, be they water tanks, fonts or whatever. Although not funerary in character, they are related in terms of decoration and construction.

Since completion of this paper, Mr. Paul Drury has brought to my attention his opinion that the coffin from Chelmsford (1:51) should be regarded as mediaeval rather than Roman because of the situation of its findspot within an area of Chelmsford which was apparently marsh in the Roman period. Whether any of the other burials in this survey should be regarded as medieval is an open question. It would seem safe to assume that lead ossuaria do not occur in mediaeval Christian England. Some coffins can definitely be ascribed to the Roman period on the basis of context within an excavation or with associated finds; in addition, those coffins which are decorated can be treated similarly because they are consistent in the use of motifs and these are in the classical tradition. However, the occurrence of a cord pattern linear moulding in the form of St. Andrew's crosses on a lead tank, supposedly 10th century (3:17), may indicate that this assumption is unsafe. It is difficult to see any other attributes such as type or element of construction or orientation, which can be seen as exclusively Roman. As yet the study of mediaeval lead coffins appears to have been rather neglected and the distinction in many cases, especially plain isolated examples, must remain uncertain. Those coffins which are definitely Roman on the basis of excavation or finds have been underlined in Appendix 1.

ACKNOWLEDGEMENTS

No survey such as this could have got under way without the cooperation of many museum staff members and individuals; sincere thanks are due to them, most of whom I hope are mentioned in the Gazetteer. Especial thanks must go to Mark Hassall, the inspirator, Professor J. M. C. Toynbee, Christopher Green, John Whatmore, Mary Clare Hatcher and Gerald Davies.

To my Mother, dearest love
Who often stared at fields of green
Pretending to see the sights I'd seen

LEAD COFFINS

The subject of Roman leaden coffins and leaden cinerary urns has never been treated comprehensively for the whole of the Roman Empire and it is regretted that spatial limitations prevent that being attempted here. It is hoped, however, that what follows comprises a complete survey of the evidence for those which are known from Britain, although examination of all surviving examples has not been possible. Much remains to be done and the author will always be glad of information c/o Institute of Archaeology, 31 Gordon Square, London WC1.

The first attempt to treat the British material comprehensively was made by that eminent antiquarian, Charles Roach Smith, in volumes 3 and 7 of his Collectanea Antiqua (Smith, C. R., n.d., 45ff. and 1880, 170ff.). He also mentioned most, and illustrated part, of the Gallic material known to Abbé Cochet and others. Previously, finds of lead coffins and ossuaria had only attracted occasional antiquarian interest and a brief summary of such burial customs by Gough (Gough, 1786, xxxixff.). At the same time, other antiquarians were active around the country, Canon Raine doing great work in his recording of the cemeteries around York. Most of his notes are included in the Royal Commission volume on Roman York (R.C.H.M. (Eng.), 1962, Leicester). Slightly later, St. George Gray was active, especially in Somerset and Dorset. Thereafter, until the present, the matter rested with one exception. Beginning in 1954 with her report on the Holborough lead coffin and a summary of material in Kent, Professor Toynbee has treated the subject as a whole. She later included a general account of the subject in both her books on Romano-British Art. This covers the material from the whole of the Empire from several angles with special emphasis on the artistic aspects (Toynbee, 1964, 345ff.).

All the information with regard to the British material, which has been gleaned from the published sources and the limited examination of the surviving evidence which has been possible, is contained in the Appendices. Appendices 1, 2 and 3 contain respectively a gazetteer of finds, an analysis of non-decorative features and an analysis of decorative features; each of these is subdivided into 3 sections for lead coffins, lead ossuaria, and lead cists and other vessels. The items in each section are numbered sequentially and references are made to them in the text by quoting their section number and sequence number.

An aspect of terminology which should be considered is the use of the word "coffin". It does not describe the probable fact that in most cases the leaden coffin was only an inner coffin for one of wood or stone (sarcophagus). In the reporting of 19th century and chance finds of lead coffins, it is significant how often traces of wood or surviving nails of outer wooden coffins are mentioned. In only two instances of recent excavations of lead coffins (Section I, nos. 105

1

and 217) is there no mention of outer wooden coffins. No doubt, traces of such could have been missed, or perhaps, in the first case, the child's coffin from Holborough, (1, 105) there had been no need for one. In the case of two from Poundbury (1, 37 and 38), where wooden interior rather than exterior coffins are mentioned, perhaps there was a certain element of confusion arising from the "rescue" nature of the excavation; they are exceptional. When one attempts handling lead coffins, it becomes obvious that they are extremely pliable and unmanageable on their own. Quite apart from any eschatological or religious motives, there would have been a great deal to be gained in terms of expediency in the use of wooden exterior coffins. The subject of associated coffins and funerary structures will be discussed more fully below.

DISTRIBUTION IN BRITAIN (see Appendix 1: gazetteer)

Lead coffin inhumations are widely spread over 'lowland' Britain, but 55% are either directly outside, or on roads leading from, walled urban centres. Their distribution amongst the centres is as follows, in percentages:

	%
York	22
Dorchester (Dorset)	18
Colchester	13
London	9
Carlisle	7
Horncastle, Leicester, Ilchester, Rochester, Cambridge, Margidunum, Gloucester, Caerwent each c. 3%	24
Cirencester, Verulamium, Winchester, Irchester, Durobrivae, Bath, Gt Chesterford, each c. 1%	7

Probably in association with unwalled settlements are those from Sandy (1:1-3), Brough, Notts (1:145-7), Croydon (1:180) and an outstanding group of eleven from in and around Sittingbourne (1:91-102, 106). Those from near villas are probably associated with them (1:79, 107, 173, 163, 83, 80, 84, and possibly 176, and 181). Some appear to be associated with temples and their settlements, if any (1:152-161, 109-110, and 5). Forts, or their canabae or vici have produced lead coffins (1:12, 144, 178, 224); that from Benwell (1:144) was very close to the shrine of Atenociticus, but not shown to be definitely related to it. Two tumuli (1:105 and 174) and two enclosed cemeteries (1:109-110. and 4) produced coffins. However, the majority of those not associated with urban centres are scattered around the country individually, and often in isolated places, with a higher concentration than elsewhere around the Bristol Channel. Conspicuous gaps in the Weald, Fens and Warwickshire could be equated with an absence of population but the recent evidence from air photography for occupation in the fens and West Midlands would lie against this.

Lead coffin distribution corresponds with that of wealth in Roman Britain. Lead was not a cheap material in which to bury oneself. The relatively

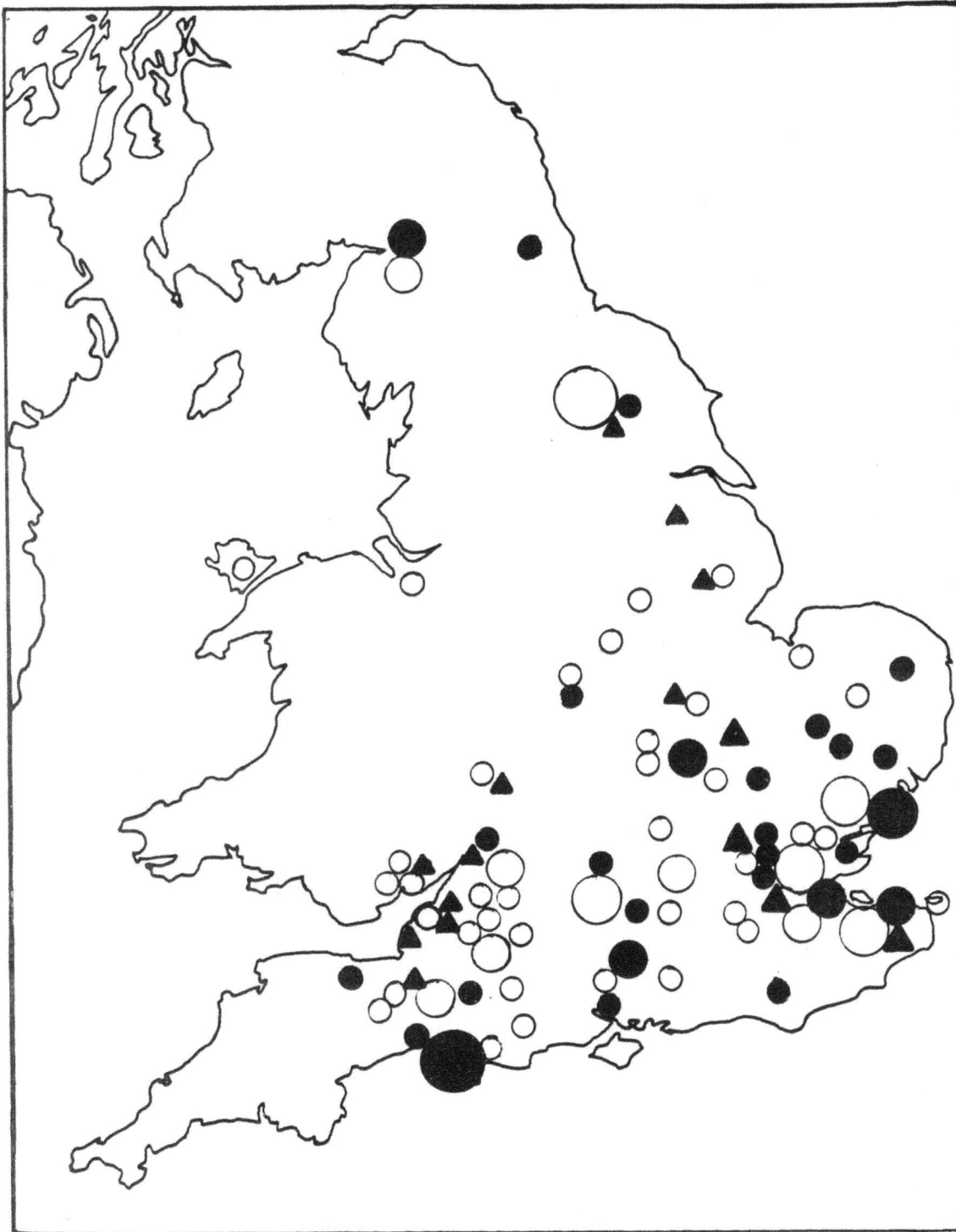

Map 1   Distribution of Coffins

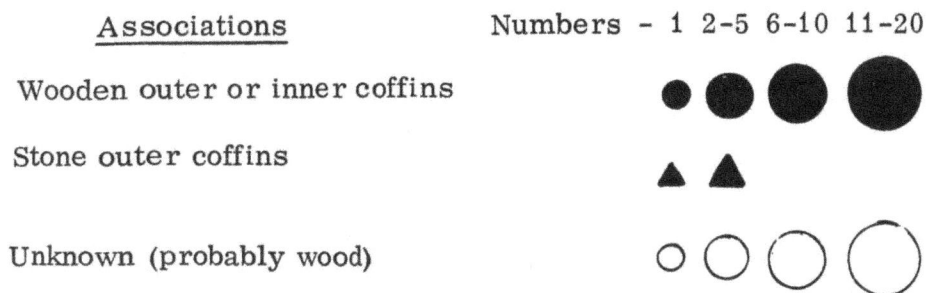

Associations   Numbers - 1 2-5 6-10 11-20

Wooden outer or inner coffins

Stone outer coffins

Unknown (probably wood)

3

highly populated areas around towns correspond with the centres of wealth; even the isolated burials, often in river valleys and areas of good farmland, may prove to represent villas and their communities as some have already done. The high density in the Somerset area may well be a reflection of 4th century prosperity.

Distribution of lead coffins may also reflect the greater susceptibility amongst the more Romanised sectors of the population to new religious thoughts. Roman 'humanitas', which rejected the nihilism of classical religion and hoped for the survival of the body in the afterlife as some form of entity, probably gained ground dramatically during the later Principate in South East England.

These features of distribution can be set out more clearly as follows:

Urban Centres	55%
Other settlements	9
Villas	4
Temples	6
Forts	2
Isolated (including tumuli, Roden Down, and special cases)	24

DEPTH OF BURIAL (see Appendix 2, section 1, column A)

The average depth below ground level at the time of discovery, of the 30% of the total number for which there is evidence, was c. 150 cm (range 47-400 cm).

DIMENSIONS (see Appendix 2, section 1, columns B, C, D)

In terms of dimensions and shape, coffins fall into two groups:

- tapering, with their breadth and also in some cases, height, at the foot less than that at the head; or

- rectangular, with the same breadth at head and foot, and with one exception (1:91) of equal height at head and foot.

These two distinct groups seem to be almost exclusively a feature of lead coffins in Britain. In several instances, the taper is allied with the decoration in a design to place emphasis on the longitudinal axis of the coffin as opposed to any other (Toynbee, 1964, 347). The proportion of these two groups as between adults' and children's coffins and overall is shown in Table 1 c. In percentage terms the proportion of tapered coffins amongst adults is 55%, amongst children is 68% and overall is 59%.

Mean dimensions and ranges of dimensions are set out in Table 1. A division between childrens' and adults' coffins has been arbitrarily achieved by taking the maximum length of the coffins which are known to have contained children, that is 140 cm, and using that as a dividing point. The measurements for all the coffins in both groups have been condensed into means and ranges of dimensions of tapering and rectangular coffins. At the same

Table 1

A. MEAN DIMENSIONS OF COFFINS (in centimetres)

Skeletal evidence		Tapering 1	Non-tapering 2	Tapering 3	Non-tapering 4	Tapering 5	Non-tapering 6
		Definite		Assumed (Adults: 140 cm +)		Combined	
Childrens' coffins							
Length		115	108	103	106	109	107
Breadth:	at head	30	30	42	41	37	35
	at foot	25	–	25	–	25	–
Height:	at head	25	23	22	25	23	24
	at foot	22	14	26	–	24	14
Adults' coffins							
Length:		170	178	179	183	175	181
Breadth:	at head	46	48	46	57	46	51
	at foot	37	–	36	–	37	–
Height:	at head	33	34	30	43	32	37
	at foot	31	–	–	–	31	–

B. RANGES OF DIMENSIONS OF COFFINS (in centimetres)

Childrens' coffins

		Tapering 1	Non-tapering 2	Tapering 3	Non-tapering 4	Tapering 5	Non-tapering 6
Length:		60–137	76–140	71–130	74–127	71–137	74–140
Breadth:	at head	25–33	25–36	30–67	25–85	25–67	25–85
	at foot	18–28	–	20–28	–	18–28	–
Height:	at head	18–30	20–28	13–30	23–28	13–30	20–28
	at foot	18–25	14	26	–	26	14

Adults' coffins

		Tapering 1	Non-tapering 2	Tapering 3	Non-tapering 4	Tapering 5	Non-tapering 6
Length		145–193	157–213	145–195	147–213	145–195	147–213
Breadth:	at head	29–68	35–79	30–68	40–87	29–68	35–87
	at foot	22–62	–	25–58	–	22–62	–
Height:	at head	22–63	25–61	26–33	28–74	22–63	25–74
	at foot	21–45	–	–	–	21–45	–

C. PROPORTION OF COFFINS WHICH TAPER (expressed as percentages of the sample, being 42% of the total for which there is evidence).

		Straightsided		Ratio	Tapering sides	
Children:	evidence for such	4			11	
	assumed (< 140 cm)	5	9	1:2	8	19
Adults:	evidence for such	16			24	
	assumed (> 140 cm)	16	32	2:3	16	40
All			41			59

time a distinction has been maintained between those whose skeletal contents are positively identified as adult or child and those which have been arbitrarily categorised; the former are represented in Table 1 a and b by columns 1 and 2 and the latter by columns 3 and 4. The reasonably close agreement between the respective means in columns 1 and 3, and 2 and 4, suggests that the arbitrary division at 140 cm is in approximately the right position. Two 'children' in coffins of 183 and 178 cm length and two 'adults' in 119 and 97 cm length coffins, although they may well have been such, have been reclassified for convenience (1:89, 134, 23, 34).

ASSOCIATED COFFINS AND FUNERARY STRUCTURES (see Appendix 2, section 1, column E)

For 53% of lead coffins, there is no evidence of such features at all. This includes both those instances where there are no details of the discovery and also those where there are, but no mention is made of such associated features or the possibility of such having existed. In the latter cases, there is a high degree of probability that massive associated features, such as a stone outer coffin, would not have been missed and passed unrecorded; this 'probability of observation' declines through the various features to the other extreme of a wooden outer coffin which may easily have been missed. The same assertion for the former cases can be made with less certainty.

Of the 47% sample for which there is evidence of associated coffins and structures, the features can be analysed as percentages of the sample as follows:

					%
a)	Stone outer coffins				17
b)	Under mausolea				6
c)	Within burial vault	– tile	2		
		– stone	4		6
d)	Within cist grave	– tile	1		
		– stone	9		10
e)	Outer lead coffin for lead coffin				2
f)	Stone pillars supporting coffin				1
g)	Coffin on bed of lime or cement				2
h)	Iron fittings for lead coffins: mainly supporting bars for lid				7
j)	Outer wooden coffins				68
k)	Iron fittings for outer wooden coffins				7
l)	No evidence of outer wooden coffin				5

Since several features are shared by individual coffins, the percentages add up to more than 100. Features a) to g) can be regarded as massive features. Features h) to l), on the other hand, might easily have been missed at the time of discovery. The proportions of these features within the population as a whole are extrapolated below: it is assumed that the former group (a-g) have the same quantity in the population as in the sample because of the small probability of their having existed and been missed in other instances. The latter group (h-l) are increased in number, since their proportion within the population is maintained the same as it was in the sample.

6

TABLE 2: FEATURES IN THE CONSTRUCTION OF LEAD COFFINS

Type of arrangement of head sheets	Percentage of each type with feature:					Percentage of sample (38% of population for which there is evidence)
Key: see pp. 49-50	Joints not joined	Joints with solder	Joints: other method	Lid turned down	Nail holes in lead	
	w	uqfpy	dstqgL	xl-4	m	
2	9	55	16	55	3	50
2a	0	0	–	0	0	1
3	–	55	0	55	0	13
4	0	0	0	0	0	2
5	0	0	0	0	0	2
6	0	0	0	0	0	1
7	–	100	–	50	50	2
8	0	0	0	0	0	1
9	0	0	0	0	0	2
10	–	100	50	100	–	2
11	0	0	0	0	0	1
12	0	0	0	0	0	1
k	0	0	0	0	0	2
No details	5	70	–	5	5	22
						100

Notes: a) 'o' represents 'no evidence'.
  b) – represents 'feature not present'.
  c) the features selected above are not mutually exclusive; for example, 'q' can represent both a soldered joint and another method than simple soldering.

	% of total population of lead coffins
<u>Lead coffins in stone outer coffins</u>	
Under mausolea	1.0
Inside burial vault of stone	0.5
In stone cist with iron fittings for lead coffin	0.5
No other associated features	<u>6.0</u>
	8.0
<u>Lead coffins in wooden outer coffins</u>	
Under mausolea	2.0
Inside burial vault - of stone	1.0
- of tile	0.5
In stone cist	2.0
In stone cist on stone pillars	0.5
With iron fittings of wooden coffin	13.0
No other associated features	64.0
In cist of tile	1.0
Containing another lead coffin	0.5
With iron fittings for leaden coffins	<u>2.0</u>
	87.0
<u>No outer coffins</u>	
No associated features	<u>5.0</u>
	100.0

The proportions of these features within the population as a whole are extrapolated below: it is assumed that the former group (a-g) have the same quantity in the population as in the sample because of the small probability of their having existed and been missed in other instances. The latter group (h-l) are increased in number, since their proportion within the population is maintained the same as it was in the sample.

There is no evidence for inner wooden coffins apart from the two instances from Poundbury (1:37, 38) mentioned above (p. 2). Where the measurements of the nails and wood of outer wooden coffins are given (in 10% and 7% of cases) the mean length of nails and thickness of wood is 13.5 cm and 6.5 cm respectively. Although it is not shown in the Appendix, it is not common for there to be nail holes in the lead coffin other than in the lid; even then it would not seem to be at all common (Table 2, page 7, column m). In one instance (1:64) it is probable, given the indentations of the skeleton in the lid, that it was the underside of the lid which was decorated. Whether this means that in a case such as that of 1:56, where there are nails all around the edge of the decoration, the lid should be visualised as lying with decoration facing down might be considered; however, Laver (Laver, 1889, 276) would seem to preclude this possibility in this case, and the lead lid must be seen as lying on the wooden lid, while the lead 'body' was within the wooden 'body'. The measurements for wood and nails, as averaged, indicate the practice of nailing wood to wood rather than lead to wood, since the average thickness of the lead used in coffins for

A: Direction of head

B: Orientation of body

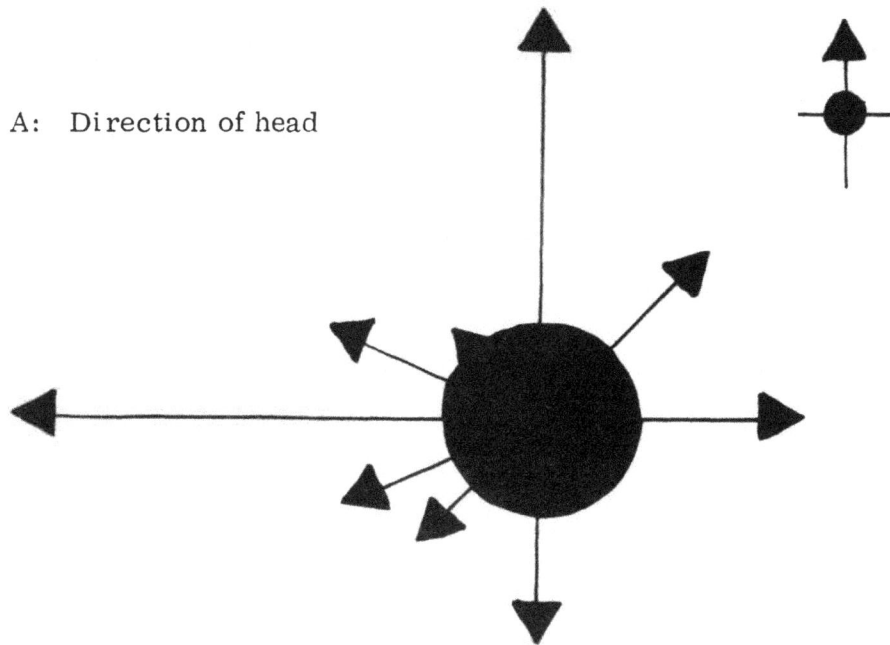

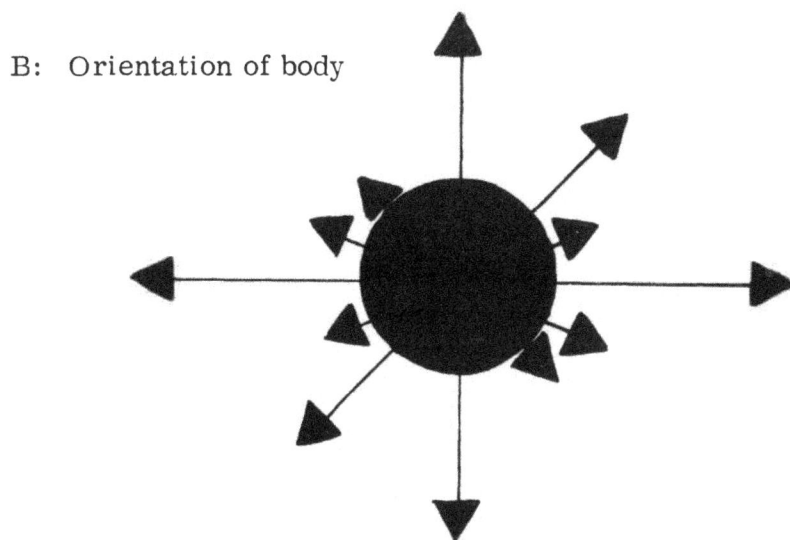

Figure 1   Orientation of Coffins

(Scale: 1 cm = 5% of sample)

9

which there is evidence is only 0.78 cm (Appendix 1, column K). Nailholes at the edge of the lid, for which there seems most evidence, would suggest that the wooden lid was nailed to the upper edges of the wooden body with the edges of the lead lid sandwiched in between.

ORIENTATION OF COFFINS (see Appendix 2, section 1, column F)

There is evidence for the position of the head and for orientation of the coffin in 29% of cases, and for orientation only in a further 12%. These figures include the 19 coffins from Poundbury (note 4, p. 63), 1:28-39, which all have head to the West or West-North-West. If these are excluded, so as to obtain a picture for the rest of Britain which is not distorted by a known Christian cemetery, the former percentage figure falls to 20%.

Figure 1 a shows diagramatically the breakdown amongst the points of the compass of directions of heads; likewise Figure 1 b shows the same for the orientation of all coffins including those where the head end is unknown. Here the coffins are split, for lack of this knowledge, half to one point of the compass and half to the opposite. For any 5% of those known pointing in one direction an arrow projects 1 cm from the circles.

If Fig. 1 a can be applied to interpret Fig. 1 b, which seems reasonable although the samples are quite small, it implies that East-West burials are more numerous than for any other orientation and of those, more than two-thirds have head to West. All West-North-West to East-South-East and West-South-West to East-North-East orientated burials have head to West per Fig. 1a; if this feature is applied to Fig. 1 b as well, then the percentage of burials with head near to West is respectively in Figs. 1a and 1b 41% and 44%. This suggests a penchant amongst lead coffin burials for such an orientation. Whether this is significant as regards early Christians in Roman Britain cannot be said to be determined yet. Lead coffin burial is certainly not exclusively Christian; those with North-South orientation must be pagan with a thirst for the afterlife, yet not Sun-worshipping or Christian. As it stands the evidence shows the wealthy amongst pagans and Christians attempting to preserve their bodies for an afterlife. Whether there is anything specifically Christian about lead coffin burials can be determined only by comparison with other inhumations in Roman Britain.

METHODS OF CONSTRUCTION (see Appendix 2, section 1, column G and Map 2)

Initially, Roman lead coffins were manufactured from a sheet of lead, which probably had been formed on a prepared bed, presumably of damp sand or puddled clay, by pouring molten lead from a portable crucible. Once cooled, the lead was cut in various ways and then bent into shape, perhaps using moulded lines as guidelines (see note 1, p. 75, and Toynbee, 1964, 345).

The elements of coffin construction which have been isolated are detailed for each coffin in column G of section 1, Appendix 2. This evidence is rather incomplete and covers only 38% of the total; it is also probably not comprehensive due to selective reporting and the fact that not all of the surviving items have been examined. It is nevertheless possible to construct an ap-

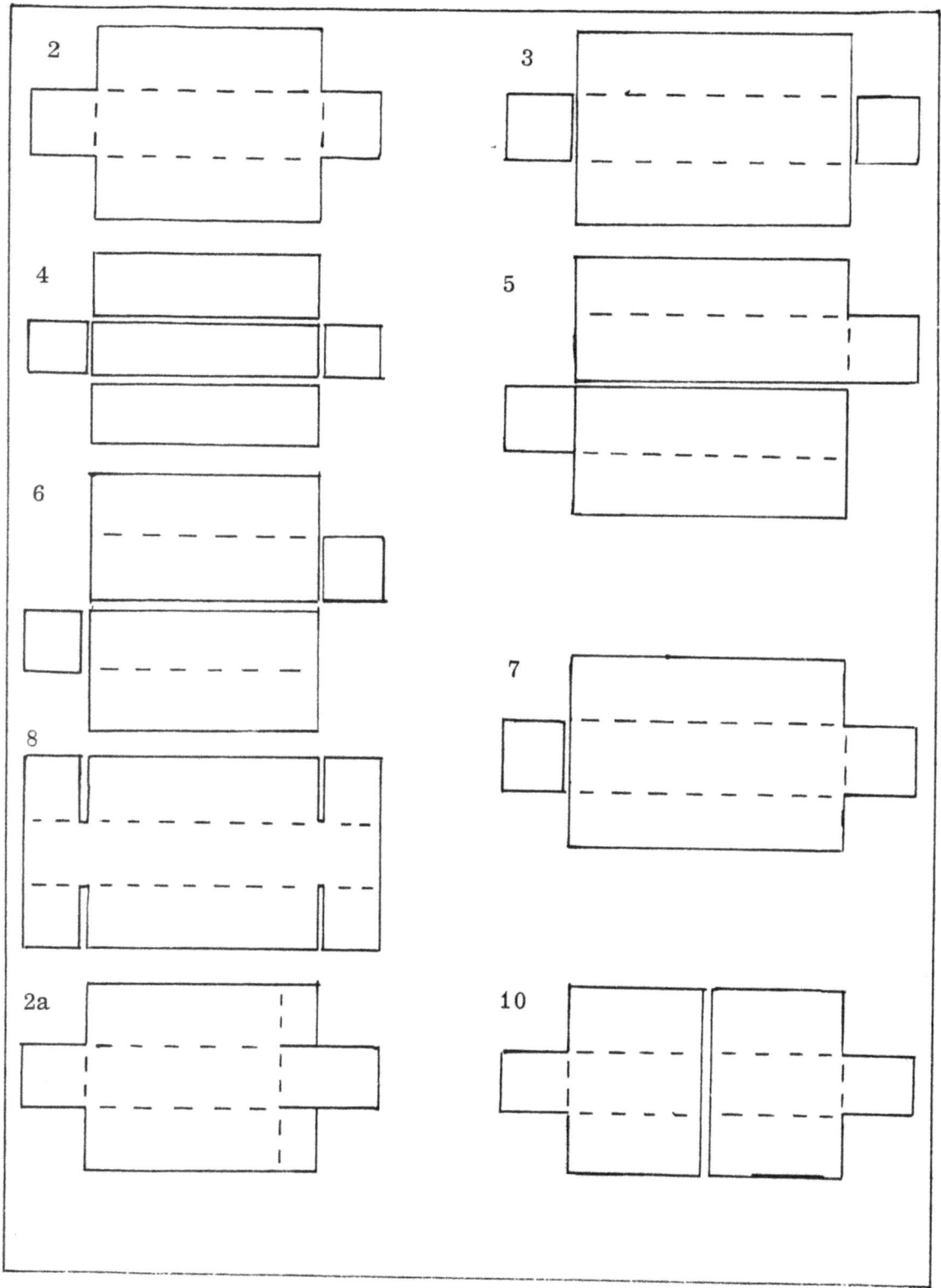

Fig. 2   Construction of Coffins (key p. 49)

Arrangement of lead sheets for types of body

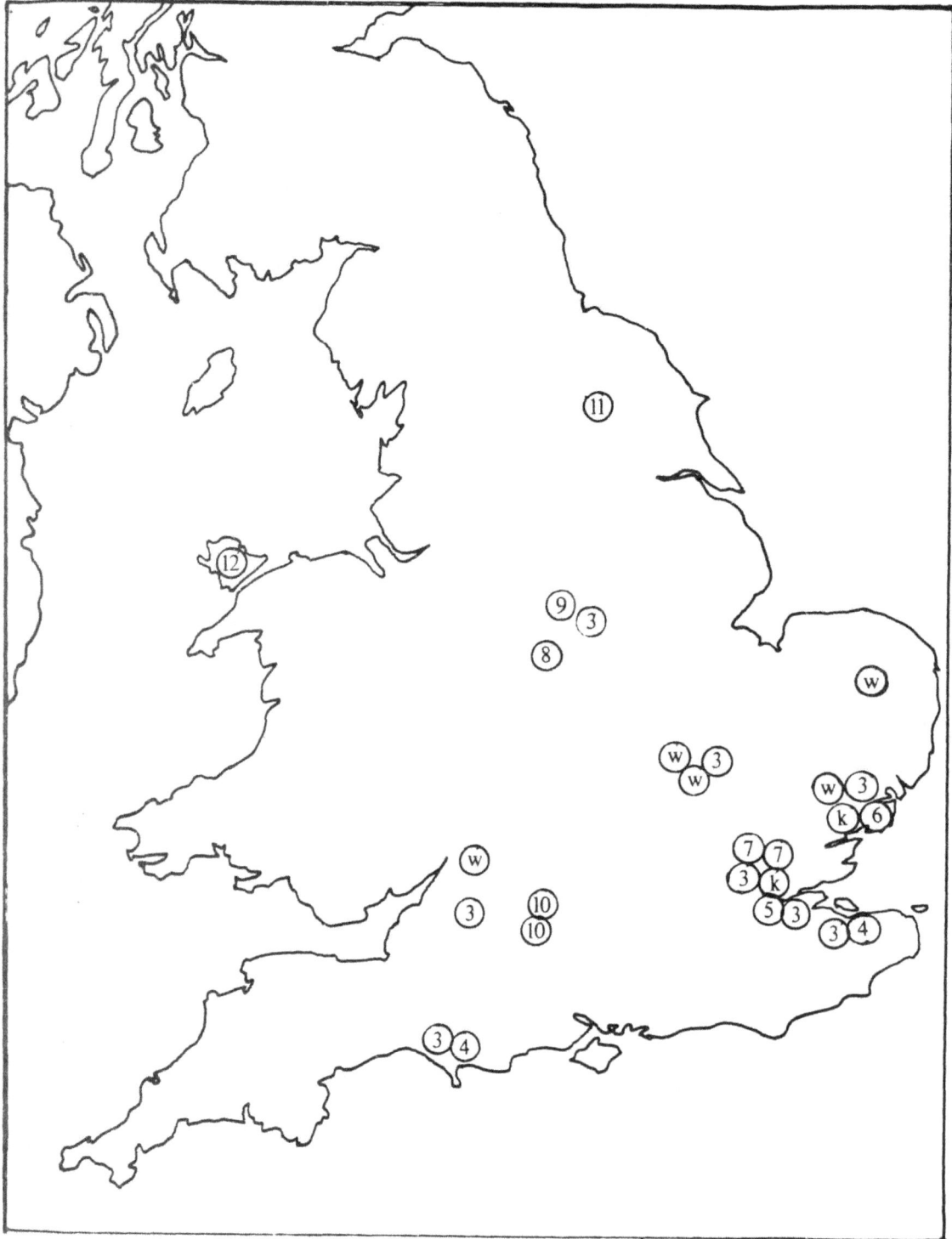

Map 2   Constructional Types

For key to type numbers see page 49

proximate picture. The lead sheets which comprise the body of a coffin can be arranged in thirteen ways. Table 2, p. 7 , shows the proportions of these types of arrangement within the sample and also the percentage of each type with evidence of the most distinctive constructional elements. From this it may be estimated that c. three quarters of lead coffins were of type 2 arrangement and the remainder were divided almost equally between type 3 and the other eleven types combined. C. 10% of type 2 coffins were unsoldered; a further small proportion of this type used simple methods of jointing which did not involve soldering. The remainder, and most of the other types, were soldered in some way and the majority had the edges of their lids folded down around the edges and sides. The details of these features are explained in the key on p. 50, and figure 2, p. 11, illustrates the types of arrangement of lead sheets.

Plumbers' solder, in modern usage, is an alloy of tin and lead in the ratio of 1:2 with a melting point half that of pure lead. The use of this solder is attested in Roman times by Pliny (Pliny, 1669, 34:18) but apparently it is not known in Britain. The percentage of tin in lead from lead coffins is not known to be greater than 3.28% (1:154 and 1:155). Tin can occur as an impurity in lead and it would be unwise to see a small percentage of tin as a deliberate additive. It would be preferable to use the term autogenous solder for the melted material used in Romano-British lead joints. The only analysis of solder from a coffin showed it to have effectively the same composition as the lead of the body (1:144, Honeyman, 1936, 50), while in another instance the report adds a note to a chemical analysis of the mineral contents of the coffin to the effect that the joints are soldered autogenously (1:189, Cunnington, 1894, 309). As Richmond showed for the lead cist from Ireby and suggested for others, Romano-British technology was capable of a high standard of jointing using this method to form an 'H' bar between two separate pieces of lead and, at the same time, to fix lugs in the points (Richmond, 1946, 165). Where it is used in lead coffin joints, which are usually angle joints rather than end to end joints, the angles are filled either wholly or partly with melted lead, or 'burnt' so as to fuse the two edges. In the three cases where end to end joints are known to have been used (1:149, 183, 184), a similar technique to that described by Richmond is used.

As can be seen with reference to Map 2, there is little detectable significance in the geographical distribution of types of features of construction. Lapped lids and autogenous soldering are ubiquitous within the overall distribution. Uncommon types are very localised (1:5, 7, 10) with the exception of 1:4, and type 3, and unsoldered coffins are confined to Central England. This implies a high degree of uniformity in the South-West, and also in the groups at Carlisle and York, although in these cases there is much less evidence from publication or examination, whereon to base this implication.

SKELETAL CONTENTS (See Appendix 2, section 1, column H)

On those coffins for which there is evidence (44% of total) the frequency ratio between children and adults is 1:2. This agrees approximately with the ratio between those with lengths less than, or more than 140 cm of 1:2.7. More were female than male; the ratio was c. 5:4 amongst adults and higher amongst children. These features might suggest a two thirds probability of living into adulthood and greater longevity and concomitant inheritance wealth for women. The unusual possibilities of a dwarf (1:67) and a double child buriel (1:131) are remarkable.

MINERAL CONTENTS (see Appendix 2, section 1, column I and Map 3)

The evidence is probably best summarised, with reference to the distribution map, as follows:

Contents	% of population
Gypsum	
- York (Ramm 1971, 193)	3.0
- Poundbury (Ramm 1971, 196 and Green, various)	9.0
- Chalkwell, Kent (Payne 1893, 54: 'gypsum or calcareous deposit on jewellery'. Ramm 1971, 195)	0.5
- Lullingstone (Museum label)	0.5
	13.0
'Lime' - including one with charcoal and one with cloth	10.0
Gravel	1.0
Clay	0.5
Nothing	8.0
No information about contents	67.5
	100.0

The only evidence for the use of gypsum in lead coffin burials other than that from Poundbury and York, is cited above from the burials at Chalkwell and Lullingstone.

Ramm (Ramm, 1971, 193-6) would also include 30% if not more of burials with 'lime' in this category - on what evidence is uncertain. York had a ready supply of gypsum 15 miles away at Hillam near Monk Fryston. Gypsum, in significant deposits, occurs in the Keuper marls in Staffordshire and Derbyshire, the Permian beds of North West England and the Purbeck beds of the Weald and Dorset. Whether the gypsum is hydrous or crystallised (selenite - especially Kimmeridge clay beds, Shotover Hill) is unclear. Analysis is needed of coffin mineral fillings and that of gypsum would be well allied with that of wall plaster, most perishable but surely widely traded of architectural elements. Gypsum at Dorchester probably emanates from the Ise of Purbeck. This hypothesis would be worth examining by analysis, if that is possible, otherwise it would have to have been imported from a far greater distance.

Probably some of the 'lime' burials were in fact in gypsum, but their exact nature is rather problematical. An example is the Roundway burial (1:183) in which the mineral filling was originally interpreted as possibly gypsum (Faulkner 1853, 61) and then later pronounced to be 10% bone and the rest fine sand and carbonate of lead (Cunnington, 1894, 309). Cunnington's opinion

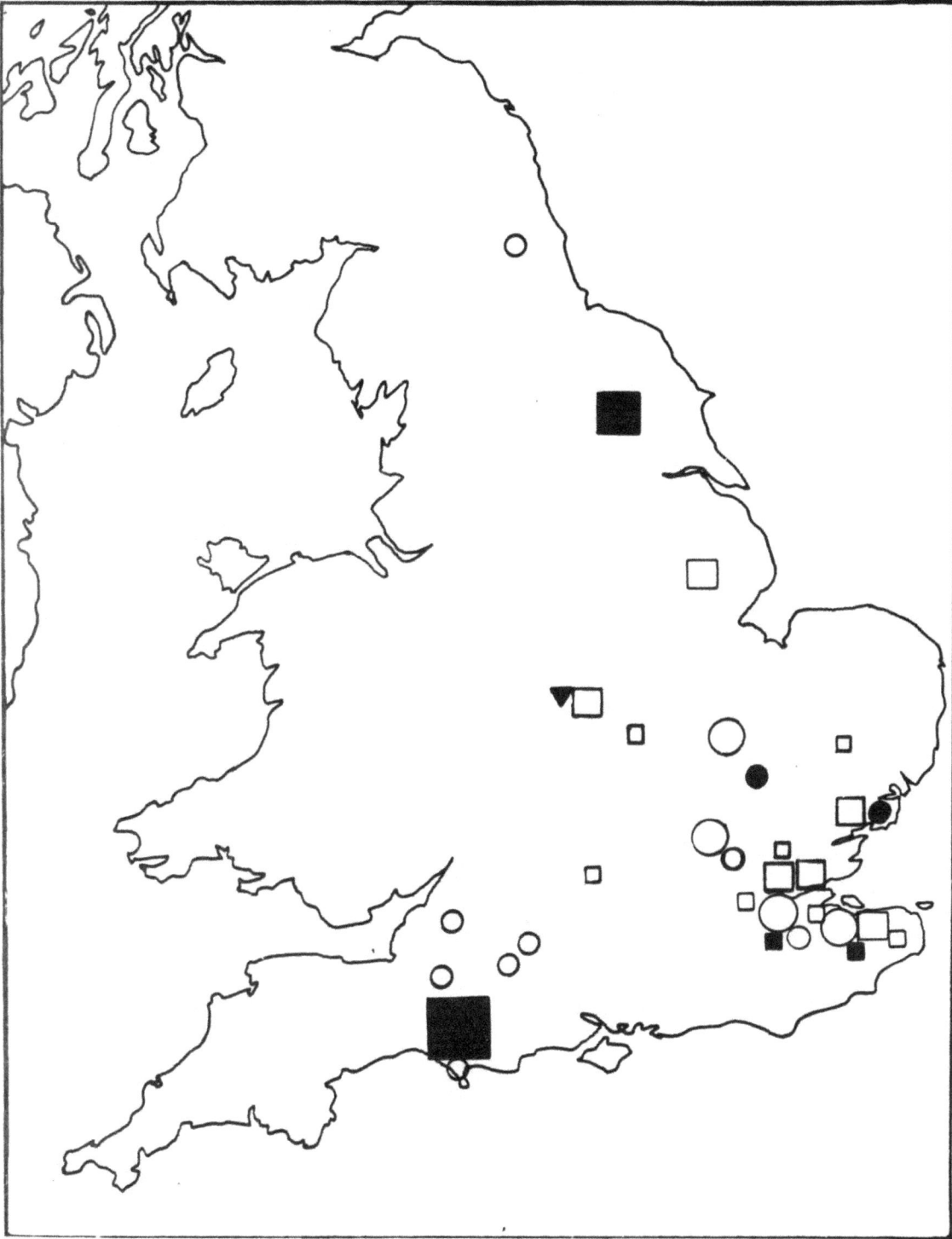

Map 3   Mineral Fillings of Coffins

Numbers - 1 2-5 6-10 11-20

No filling	○	◯		
Gypsum	■	◼	⬛	⬛
Lime	▫	◻		
Charcoal	▼	–	–	–
Gravel	●	–	–	–

appears to be based on an analysis and consequently more accurate. One extraordinary suggestion has been made by Moore (Moore 1880, 297) that a "whitish layer" on the floor of a sarcophagus with lead inner coffin from Smithfield (1:132) was adipocere. If fats were able to survive in damp conditions from the late Roman period till 1872, this is a possibility: the inhumation was certainly Roman. Apart from an inhumation at York (1:192) none of the lead coffin burials in outer stone coffins had any mineral filling; in nearly half the cases this is certain and in the remainder, with the possible exception of 1:132 (above) it is probable. However, when Fosbrooke mentions the early 19th century looting of the cemeteries at Kingsholm (Fosbrooke, 1819, 11), he says that "many other such coffins were found" and that they all had a filling of lime: that is many other than no. 1-72, a lead coffin inside a stone sarcophagus. With wooden outer coffins it is unlikely that lead coffins would have held water and therefore unlikely that remnants of adipocere therein have been confused with 'lime'. That the substance in the Smithfield coffin was 'lime' is more likely. The gravel and clay fillings may well be secondary, otherwise they are perplexing.

ANALYSES OF LEAD (see Appendix 2, section 1, column J)

In 7 out of 13 instances where analysis would seem to have been performed either wholly or in part, the lead was stated to be either pure or to contain a small quantity of tin thus implying an absence of silver (1:9, 10, 60, 122, 123, 154, 155). In two further instances the absence of silver was stated and in the other four the silver content was stated as 6, 4, or 3 ozs. per ton. Content of tin is likewise in all cases implied to be small and, where analysed, not more than 3.28%.

As yet it is not possible to say whether lead with such small quantities of silver has undergone cupellation or not, since even lead with less than 1 oz per ton occurs naturally in Britain. However, the uniformly low silver content does suggest it has (Tylecote, 1962, 75).

CONTENTS AND DATING (see Appendix 2, section 1, column L)

All details of contents are given in the Appendix. The breakdown as regards presence or absence for the whole population of coffins is as follows:

With contents (artifactual)	23%
Without contents	7%
No evidence or indeterminate evidence, many probably with no contents	70%

The Poundbury group is conspicuous in having no contents and being Christian. No other groupings like this are apparent; those around Sittingbourne, Colchester, York and London, in descending order of frequency, all produced pottery, jewellry, glass and jet artifacts. The two distinct groupings which provide least evidence, Carlisle and Frilford (see note 18, p. 64) produced nothing except coins.

As far as dating is concerned, the evidence is summarised in Figure 3, p. 18. This takes the form of a frequency histogram, with dates grouped

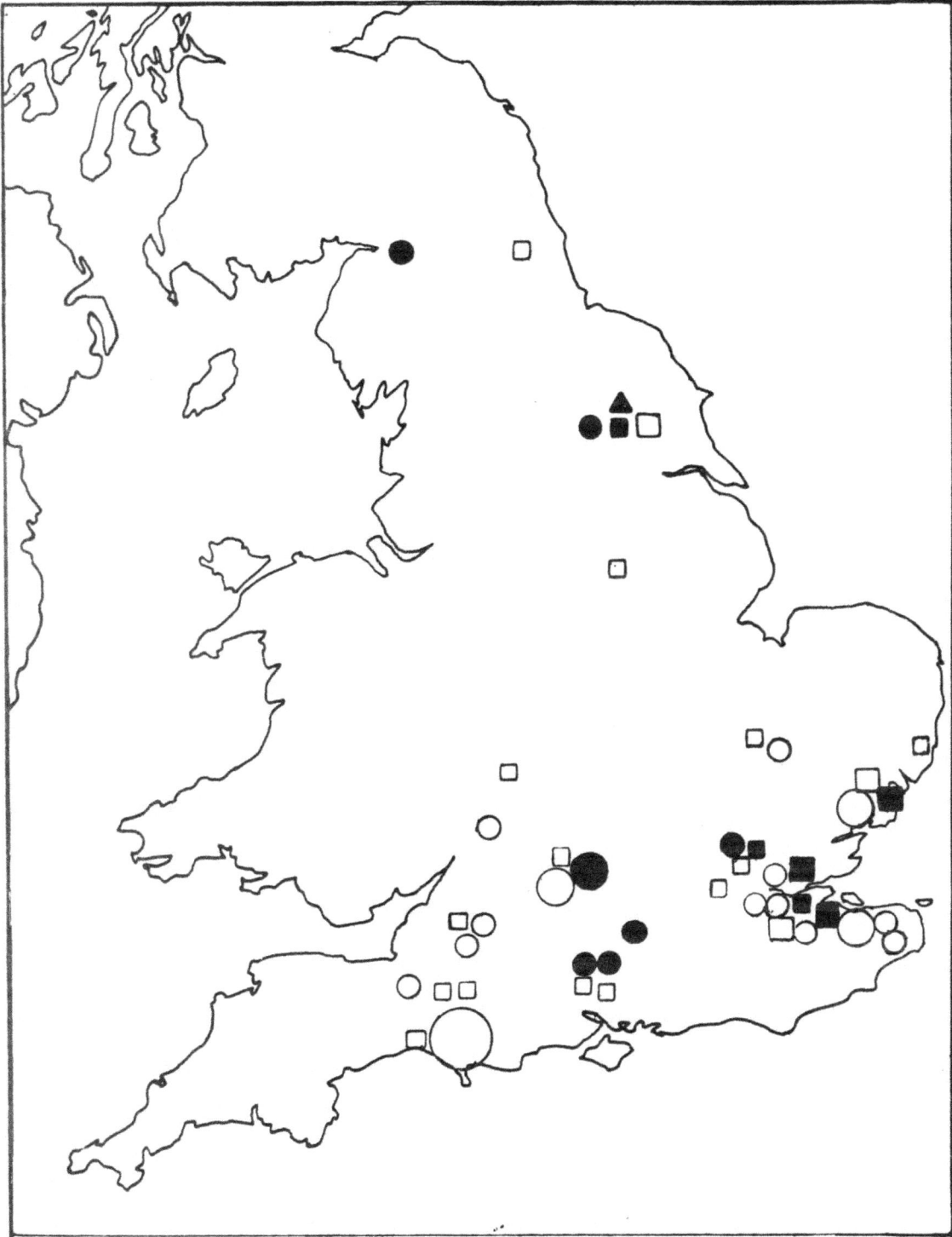

Map 4   Artifactual Contents of Coffins

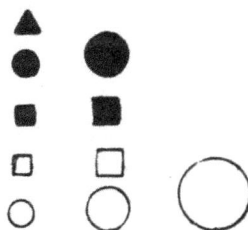

Numbers - 1   2-5   10-20

Ossuarium
Coins
Jewellery

Other
None

Table A

Dating of Coffins

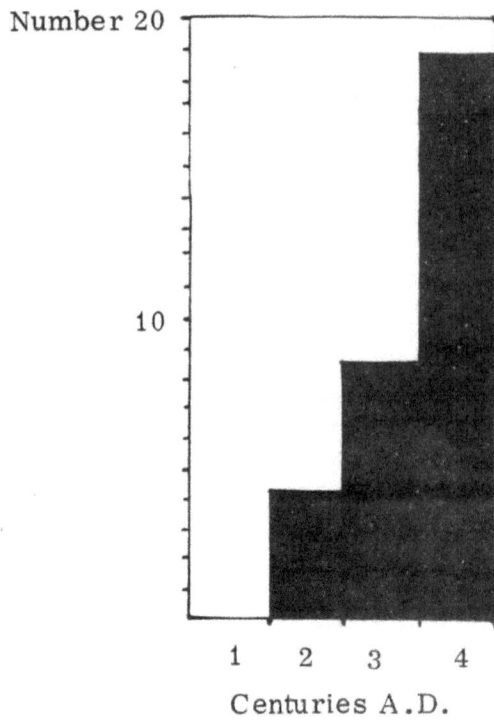

Number 20

10

1   2   3   4

Centuries A.D.

Table B

Cumulative
percentage
of coffins
dated by
artifacts

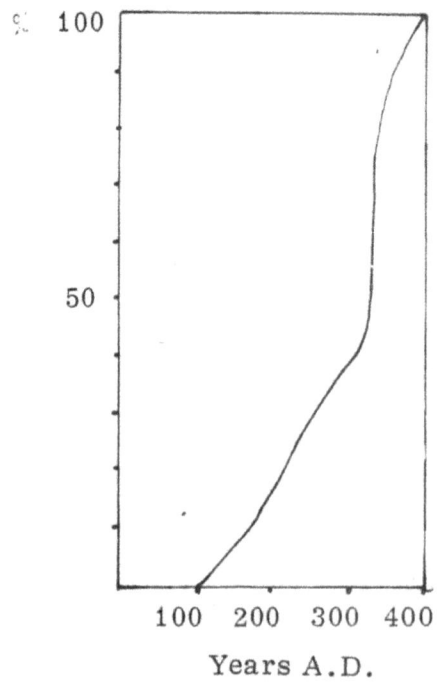

% 100

50

100 200 300 400

Years A.D.

Dating of Lead Coffins

Figure 3

in centuries, and a cumulative frequency graph. All dates quoted in the Appendix are included. Dates from artifacts (termini post quos) are shown both separately in Table B and, in their century, together with contextual and subjective dates in Table A. This is intended to demonstrate how those coffins dated by early artifacts are out of sequence with the remainder. That some, at least, of those with Antonine or Severan coins are early is likely, but one instance (1:210 note 20, p. 64), with a Severan coin and fourth century glass in the same coffin, makes one doubt the contemporaneity of circulating coins and burial. Of the 54 instances where dates are given (23% of the total), 50% are based on context, mainly excavation (1:21-41, 9, 10, 105, 107, 173, 217), 4% are subjective (1:192,128) and 46% are artifactual termini post quos.

DECORATION (see Appendix 3, section 1)

63 coffins or parts thereof from Britain are known to be decorated. The elements and arrangements of their decoration, so far as it is known, are set out as simply as possible in the analysis on p. 72, and the symbols used therein are explained in the Key on p. 66.

Professor Toynbee has discussed the symbolism and religious implications of the decorative elements in relation to the rest of the Empire (Toynbee, 1964, 347ff.). The decoration was intended only for the eyes or good fortune of the deceased but the borderline between symbolism and aestheticism is difficult to define. The Bacchic group (feature G) must represent the joys of the after-life, whilst the Minerva figure and the biga (features H and R2) probably re-present victory over death. Medusa head roundels, lions and the female head (features V, V2, N2, N3, and Y) were probably intended to guard the tomb and ward off evil, as were perhaps the bead and reel and cord mouldings and even the St. Andrew's Crosses, both moulded and incised. The cavalryman (feature Y2) may represent the ride to the afterlife or be a Celticisation of this, as Richmond discusses (Richmond, 1950, 72), and signify the victory over death. Certainly, copybooks from Syria and elsewhere in the Empire were being used in Britain.

The significance of decorative circular ornaments (features X and C) and pecten shells is less readily explained. The former were probably apotropaic or aesthetic; the latter, if they allude to the happy afterlife in the Isles of the Blessed, are probably Orphic, willing the soul to take the right hand path to the Isles (Guthrie, 1952, 166). They might be hinting, through their peculiarity to Britain, that the souls are halfway across the Ocean already. There is no hint of their use as a Christian symbol until the 7th century, and then it is only in association with St. James. Of those where orientation is known, the majority of pecten decorated coffins aré 'pagan' so there is no Christian implication in this or any other form of decoration.

Although Toynbee argues convincingly for the use of stamped impressions in the casting bed for the other decorative features (Toynbee, 1963, 346), the realism of the pecten images, often with the most delicate of ribs showing and a slight concavity, indicates that they were formed with real shells using the less convex (left) valve of Pecten maximus (McMillan, 1968, 79). The sole exception to this rule (feature P5, 1:127) may be just a poor representation, although the distinct bulb at the base suggests it is an artistic representation.

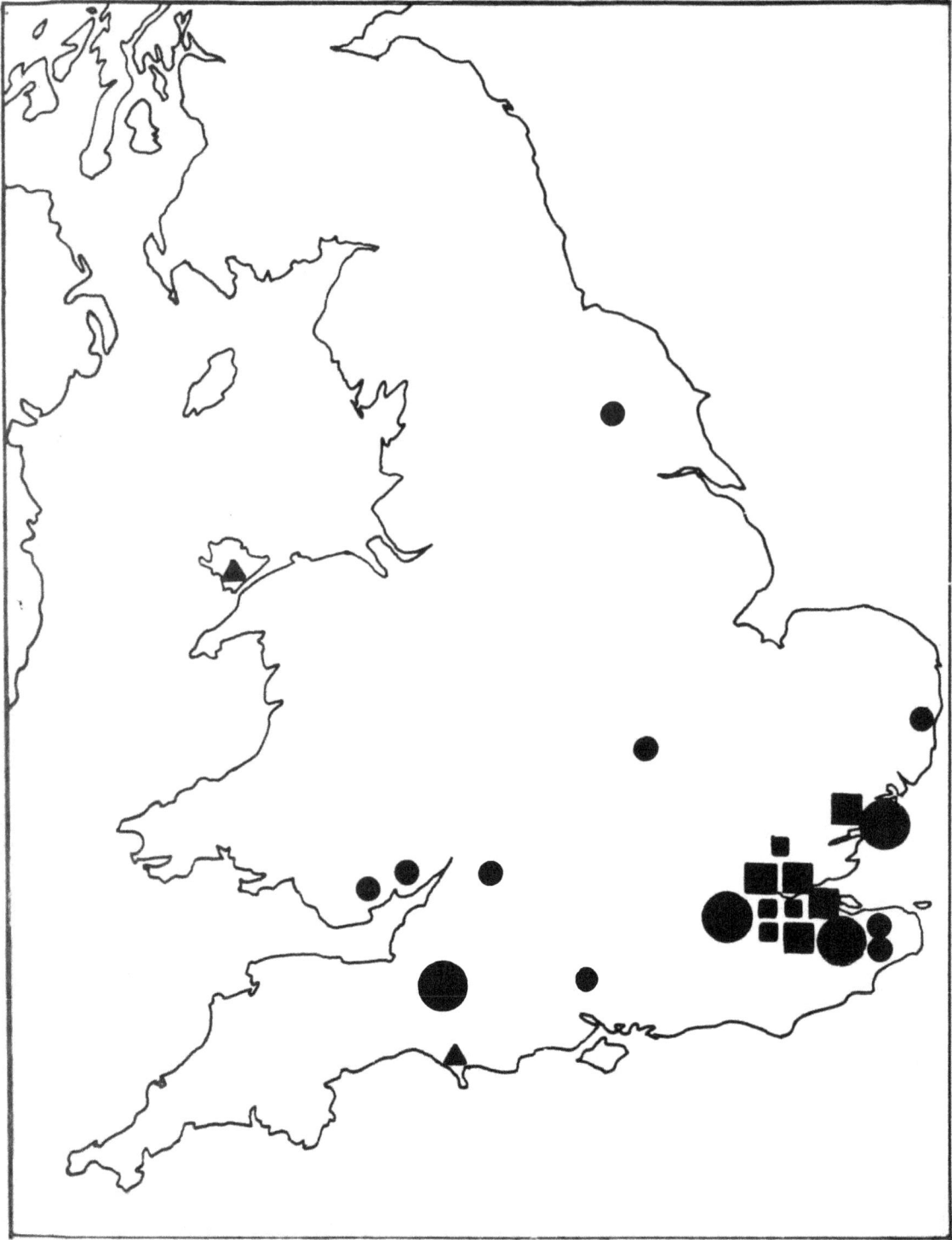

Map 5   Decorative Elements

Numbers – 1   2-5

Pectens

Other

Inscribed

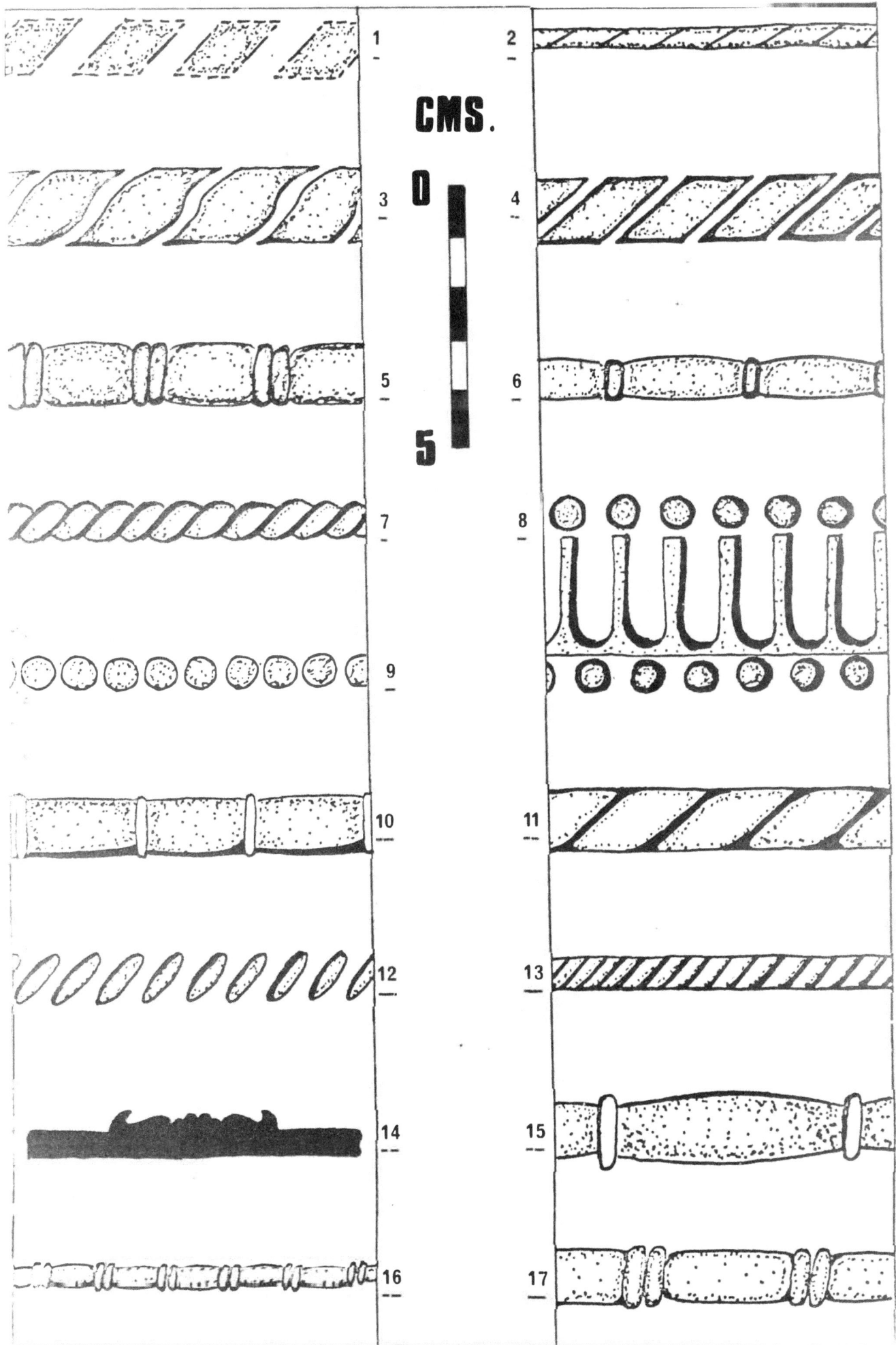

Figure 4   Decorative elements (pp. 66 & 67)

1   Pecten Maximus (P2)

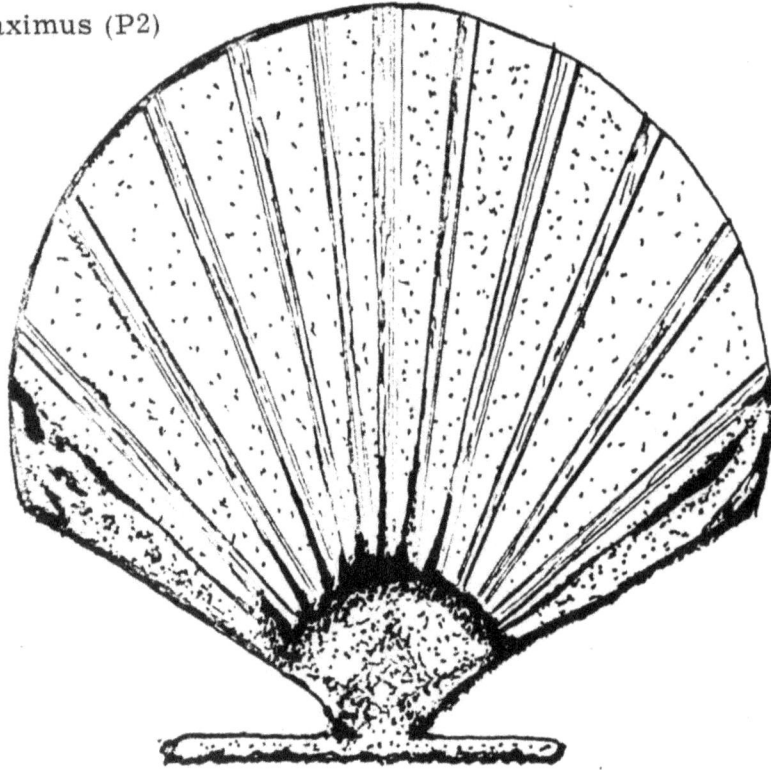

2   Circle Moulding (C3)

4   Collar (?) (W)

3   Female Head (Y)

5   Rosette (T)

Fig. 5   Decorative Elements (p. 68)

1   Vase (U)

2   Lion (W2)

3   Sword (?) (F)

4   Bacchic Group (G)

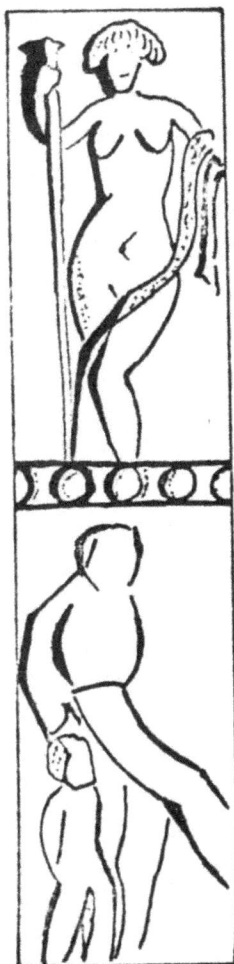

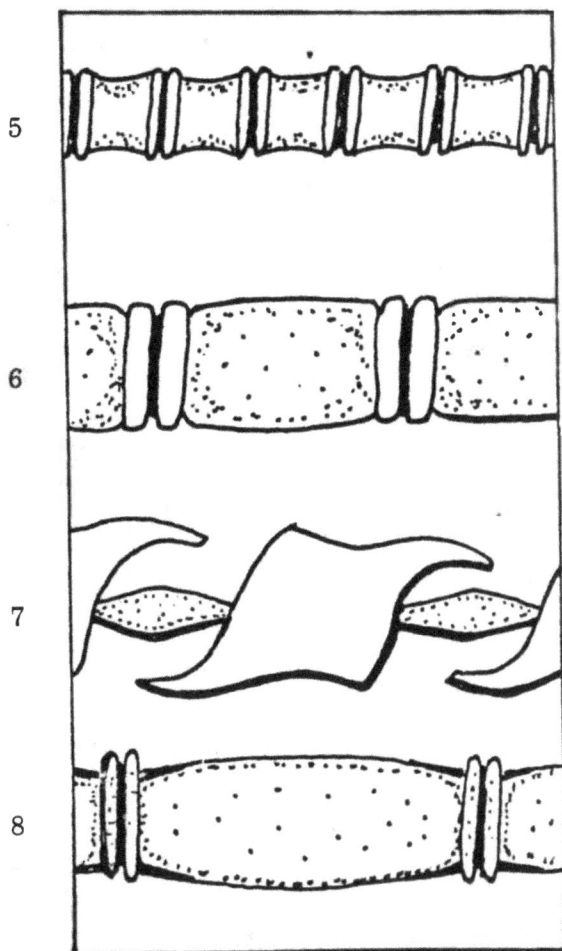

5

6

7

8

Fig. 6   Decorative elements (actual) (key see pp. 67 & 68)

1 Horseman (Y2)

2 Yoke (?) (N)

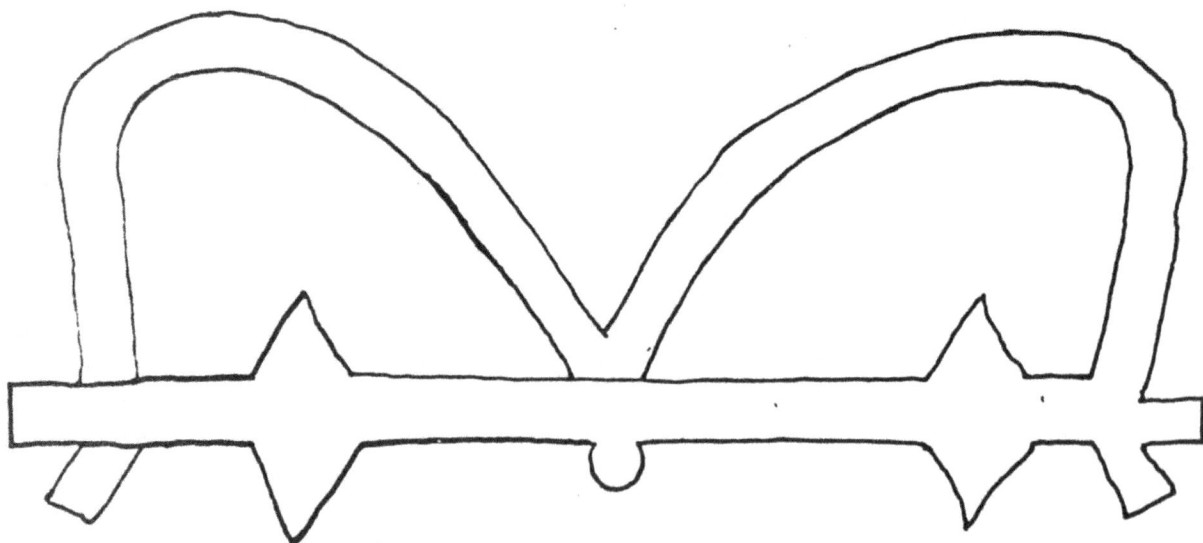

Fig. 7   Decorative elements (actual) key see p. 68

1   Enfield (no. 84) 1:10

2   Poundbury (no. 25) 1:10

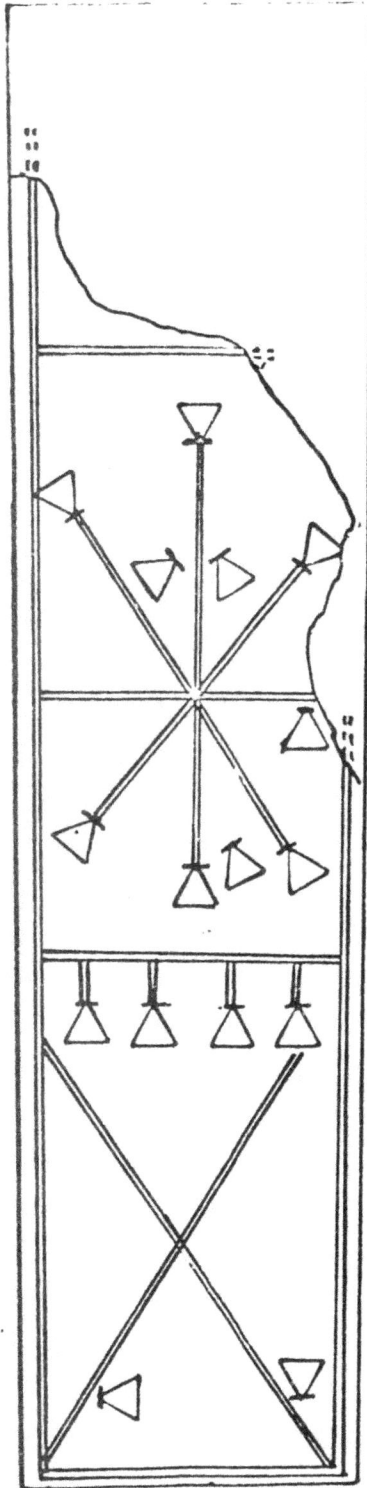

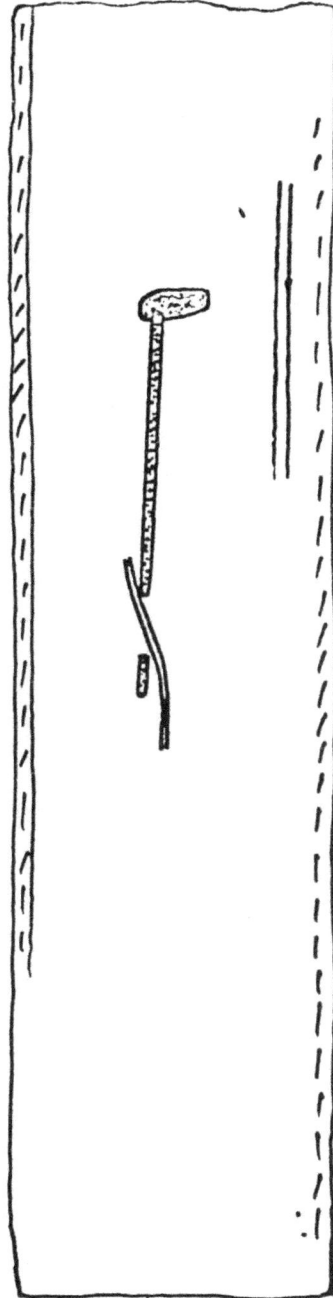

▽ Pecten (schematic)

Figure 8   Decorative arrangements

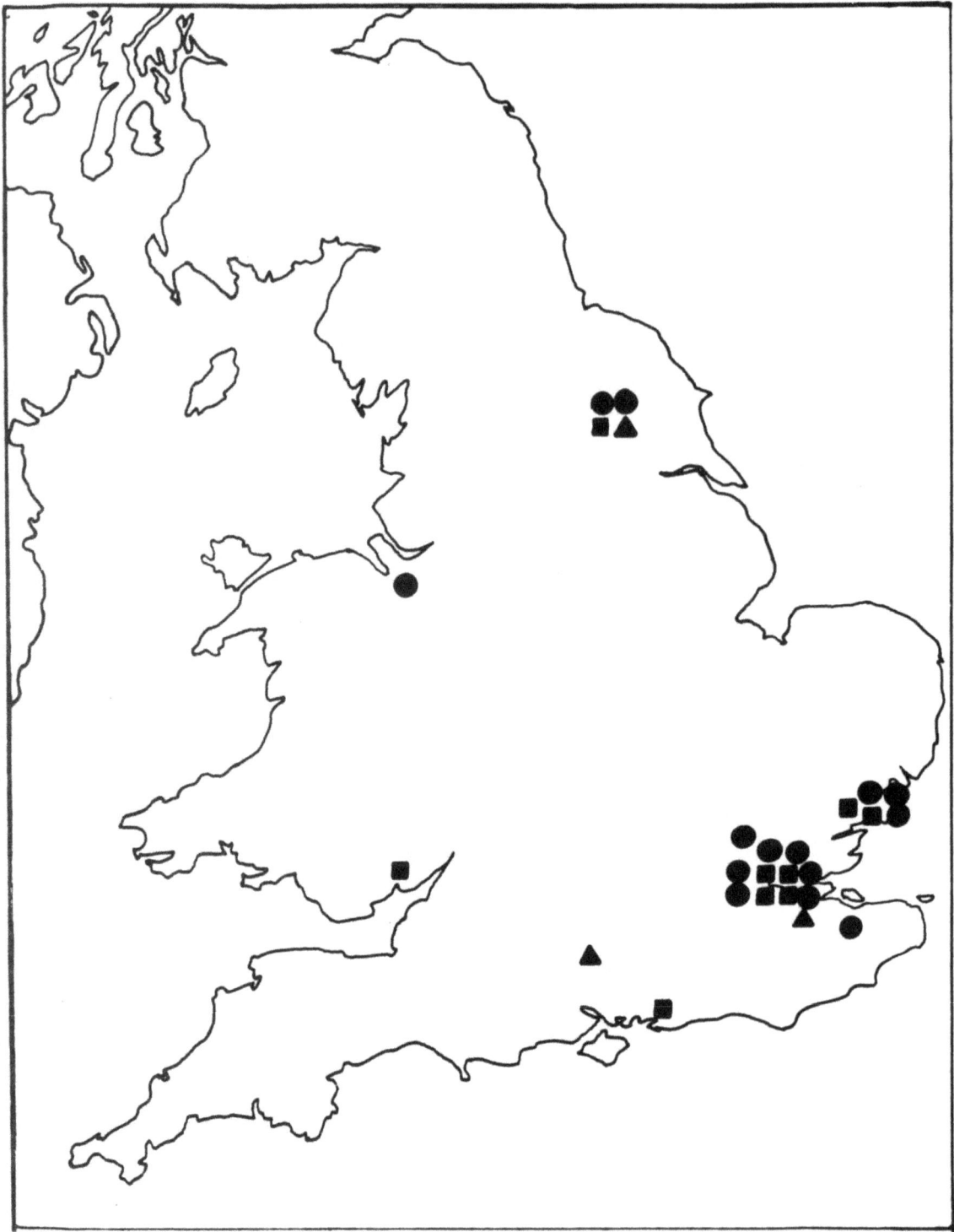

Map 6   Distribution of Ossuaria

Pre 200 A.D.   ■

Post 200 A.D.   ▲

Unknown date   ●

Coffins with pecten decoration are distributed solely around the Thames estuary from Colchester to Chatham with two outliers near Croydon and Enfield (Map 5). Of the other decorated coffins the majority and most richly decorated are concentrated in the same area. There are outliers around the rest of the South East area of Britain (1:80,142,175,192,223), a group at Ilchester (1:162,172,173) and three remarkable isolated pieces (1: 70,222,225), the last mentioned of unknown provenance unfortunately. There is a great variety of decorative arrangement and a multiplicity of elements overall, even within the larger geographical groups of Colchester, London and North Kent. The most striking features are the uniformity in type of the pectines, the ubiquity of bars of cord pattern and bead and reel and the similarity of the rosettes from Irchester and Canterbury (1:88 and 142). A sizeable proportion (c. 40%) of decorated coffins taper from head to foot thus emphasising the longitudinal decoration; these, as plain tapering coffins, form no distinct groups. Lead coffin manufacturing seems to have been well dispersed and 'bespoke', probably supplying only the wealthy.

LEAD OSSUARIA

Although ossuaria are directly associated with inhumations in lead coffins, probably late in the Roman period in Britain, they represent the earlier tradition of cremation. Since space is limited and details of provenance, construction and context, and decoration are set out in the second sections of the Appendices, discussion will be brief. The earlier of such burials (2- 7,14, 18, 21, 22 and probably 16,17,19 and 24) are simply elaborations on the usual form of cremation. Most are plain, but the group from Warwick Square, if they are early, are surprisingly richly decorated. They would seem to be early since the glass urn in one (1-18) is very similar to that in another well dated instance (1-14) and they occurred within the wall of London (c. 200 A.D.). They continue through the 2nd and 3rd centuries, decorated and plain, of varied types and few in number. Perhaps earlier in one instance (1-3) but early in the 4th century in another (1-204: 2-23), they occur in lead coffin inhumations. The latter is dated by 4 glass flasks (R.C.H.M., 1962, 140) but, as similar glass is elsewhere associated with a Severan coin (see p. 19, re. no. 1-210), this dating is questionable. The other ossuarium with a 4th century date is mentioned in a secondary account of its discovery as having contained a coin of Magnentius (2-8); this has not been corroborated. Although 4th century ossuaria are oddities, they are certainly few in number and of questionable date.

LEAD TANKS AND OTHER VESSELS

Since these are outside the scope of this survey and discussed elsewhere (Toynbee,1964, 353-356), they have only been listed in the Appendix (p.46) 3 have been added (3-14, 15, 16), since they do resemble the tanks (3-1-11) although no. 15 is rather small (30 cm diameter); all are apparently circular and no. 15 bore incised foliage decoration in 12 panels. No. 17 has been added because, although it has Anglo-Saxon curvilinear decoration on 2 of its 4 sides and was pronounced to date from the 10th century when discovered, on the other two sides it seems to have St. Andrew's Crosses of cord pattern bars. These are mentioned as occurring on the lead coffins of William de Warenne and his spouse from Lewes, which should survive but have not been investigated. This 'coffer' is similar in shape to the Caistor casket (3:12).

APPENDIX 1

Gazetteer of finds arranged as follows:

Number   Place of find: Date.   Bibliography.
                Ordnance survey grid reference for find   Other sources.
                (c. = approximate).
                Location of item.

CONTENTS

BEDFORDSHIRE (see also note p. 87)

1.	Sandy, 1879 c. TL 177488, lost	Elger, 1879, 201.
2.	Sandy, 1879 ibid., lost	Elger, 1879, 201.
3.	Sandy, 1880 ibid., lost? (last noticed at "Museum of Practical Geology", Jermyn Street, London)	Anon., 1880, 343.

BERKSHIRE

4.	Roden Down, c. 1940 c. SU527821 Swindon Museum	Hood and Walton, 1948, 20
5.	Waltham St. Lawrence, c. 1880 Weycock Field, c. SU 817772, lost	V.C.H., 1906, 218.

BUCKINGHAMSHIRE

6.	Bourne End, 1949 c. SU 895880, Blind Lane. Lost, except for fragment in Aylesbury Museum	Sansome, 1952, 226. R.B. in 1949, 102. Inf. C. Cowing Esq., Aylesbury Museum
7.	Bourne End, 1949 ibid., lost	Ibid.
8.	Stentonbury, c. 1960 c. SP 840425 Aylesbury Museum	Unpublished. Information from C. Cowing Esq.

CAMBRIDGESHIRE

9.	Cambridge, Arbury Rd., 1955 c. TL 450607, Museum of Archaeology, Cambridge	Fell, 1956, 16. Jessup, 1958, 20.
10.	Cambridge, ibid. ibid., ibid.	Fell, 1956, 16. Jessup, 1958, 12.
11.	Meldreth, Metal Hill, 1816 c. TL 365458 lost?	Neville, 1856, 291.

CHESHIRE

12.	Chester, Handbridge, 1852 c. SJ 407655 lost?	Lawson, 1928, 181.

CUMBERLAND

13.	Carlisle, 1829, c. NY 408552 lost	Patten, 1974, 8.
14.	Carlisle, 1829, ibid., lost	Patten, 1974, 9.
15.	Carlisle, 1851, ibid., lost	Patten, 1974, 11.
16.	Carlisle, 1873, St. Spring Gdns, c. 400550, lost	Ferguson, 1893, 373.
17.	Carlisle, 1873, ibid., lost	Ibid.
18.	Carlisle, 1879, c. NY 420558, lost	Ibid.
19.	Carlisle, 1879, ibid., lost	Ibid., Ferguson, 1879, 325.
20.	Carlisle, 1873, c. NY 401567, lost	Ferguson, 1893, 374.

DORSET   (see also nos. 233-239)

21. to 27.	Poundbury, 1973, c. SY 685911: Wyvern-Marlborough factory group Dorchester Museum	Green, 1973, 97.
28 to 30.	Poundbury, 1973, ibid., near Mausoleum 10. Ibid.	Ibid.
31.	Poundbury, 1972, ibid., site C, ibid.	Green, 1972, 80.
32 & 33.	Poundbury, 1972, ibid, under Mausoleum 10, ibid.	Green, 1972, 81.
34 & 35	Poundbury, 1972, ibid., under Mausoleum 9, ibid.	Ibid., R.B. in 1972, 330.
36.	Poundbury, 1972, ibid., site D, ibid.	Ibid.
37.	Poundbury, 1964, grave 1, ibid., Wyvern-Marlborough factory, ibid.: c/o J. Whatmore Esq.	Green, 1966, 109. R.C.H.M. (Eng.), 1970b, 584. Ramm. 1971, 196, no. 68. Inf. from J. Whatmore Esq.
38.	Poundbury, 1964, grave 4, ibid., ibid.: c/o J. Whatmore Esq.	Green, 1966, 109. R.C.H.M. (Eng.), 1970b, 584. Ramm, 1971, no. 69. Inf. from J. Whatmore Esq.
39.	Poundbury, 1964, ibid.: hill fort ditch, ibid.: c/o J. Whatmore Esq.	Green, 1966, 109.
40.	Poundbury, 1915, ibid., ibid.	Acland, 1917, 201, R.C.H.M. (Eng.) 1970b, 583.

41. Dorchester, Barrack Square, 1971 SY 68719067, ibid.

Inf. from C. Green Esq. Dorchester. To be published in Vol. I Dorchester Excavation Reports.

42. Winterbourne Kingstone, 1858 SY 861972, lost.

R.C.H.M. (Eng.), 1970b, 302.

43. Cann, 1917, c. ST 888208 Shaftesbury Museum.

R.C.H.M. (Eng.), 1970c, 10 Gray, 1917a, 68.

44. Marnhull, 1892, ST 794203, lost?

Gray, 1905a, 5; R.C.H.M. (Eng.), 1970b, 160; Hutchins, 1870, 327 (re area); Mansell-Pleydell, 1893, 24; Calkin, 1952, 51.

45. Bridport, 1963, SY 473936 Bridport Museum

Peers, 1968, 169.

ESSEX (see also nos. 227, 240 and 243)

46 to East Ham, 1864, c. TQ 421822,
48. stolen British Museum, 1950 (small frag. no. 47 remains)

Anon., 1864, 267; Boyle, 1865, 104; King, 1865, 110; Smith, C. R. S., 1880, 202, pl. 19 figs. 1-5; Gomme, 1887, 77; V.C.H. 1963, 138, pl. 121b; R.C.H.M. (Eng.), 1928, 164, pl. 58 identified incorrectly in fig. 2; Way, 1864, 94.

49 to East Ham, c. 1864, ibid., lost
50

Gomme, 1887, 79.

51. Chelmsford, 1898, c. TL 705060, Friars Place, lost: probably mediaeval.

V.C.H. 1963, 66. Inf. from Paul Drury, Esq.

52. Chigwell, 19th century, c. TQ 454961 lost.

V.C.H. 1963, 88.

53. Colchester, 1887, TL 987247, Creffield Road, Colchester Museum (no. 9)

Laver, 1889, 273; Wheeler, 1929, 3, fig. 4; Hull, 1958, 254, 293 no. 19; V.C.H. 1963, 116 no. 19, pl. 21a middle.

54. Colchester, 1867, TL 990248, Wellesley Road (Priory Terrace) Colchester Museum (no. 7)

Hull, 1958, 254, 293 no. 42; V.C.H. 1963, 117 no. 42, pl. 21a top; Pollefen, 1867, 186.

55. Colchester, 1873, TL 993248, Burlington Road, lost.

Hull, 1958, 253, 293 no. 54; V.C.H. 1963, 117 no. 54.

56. Colchester, 1887, TL 995248, Salvation Army Barracks. Colchester Museum (no. 10)

Laver, 1889, 276; Hull, 1958, 254, 294 no. 102; V.C.H. 1963, 118 no. 102.

57. Colchester, 1931, TL 994237, Hull, 1932, 36; Hull, 1958,
Sobraon Barracks, Colchester 254, 294 no. 5; V.C.H. 1963,
Museum (no. 12). 118, no. 105.

58. Colchester, 1880, TL 984250, Hull, 1958, 254, 294 no. 101;
Sussex Road, Colchester Museum V.C.H., 1963, 118 no. 101;
(no. 6). Acland, 1880, 211.

59. Colchester, 1749, TL 989250, lost. Smith, C. R., 1846a, 298;
Hull, 1958, 254, 294 no. 100;
V.C.H., 1963, 118 no. 100.

60. Colchester, 1844, c. TL 993248, Smith, C. R. 1846a, 298;
Butt Road, Colchester Museum (no. 2). Anon., 1869, 267; Smith,
C. R., n.d., fig. 14 no. 3;
Hull, 1958, 256, 293 no. 55;
V.C.H., 1963, 117 no. 55
pl. 21a bottom.

61. Colchester, 1844, ibid., lost. References as for No. 61
except: Smith, C. R. n.d.,
fig. 14 no. 4.

62. Colchester, 1938, TM 002256, Hull, 1958, 257, 293 no. 70.
Everetts Brickyard, Colchester V.C.H., 1963, 117 no. 70;
Museum (no. 4). Anon., 1938, 103.

63. Colchester, 1896, TL 987251, Hull, 1958, 254, 294 no. 103;
Lexden Road, Colchester Museum V.C.H., 1963, 118 no. 103.
(no. 11).

64. Colchester, 1932, c. 987253, Hull, 1933, 10 and pl.
Lockharts Field, Colchester Hawkes & Hull, 1947, 121;
Museum (no. 13). Hull, 1958, 254, 294 no. 106;
V.C.H., 1963, 118 no. 106.

65. Colchester, 1941, TL 999243, Hull, 1958, 256, 204 no. 107;
Mersea Road, Colchester Museum V.C.H., 1963, 118 no. 107.
(no. 15).

66. Colchester, 1873, TL 993248, Piggot, 1873, 323; Smith,
Burlington Road, Colchester C.R., 1880, pl. 19, fig. 7;
Museum (no. 8). Hull, 1958, 254, 293 no. 54;
V.C.H., 1963, 117 no. 54.

67. Great Chesterford, pre 1847. V.C.H., 1963, 146. Inf. from
TL 503433. Saffron Walden museum. Mr. Cole, Curator.

68. Heybridge, 1873, TL 860082, Piggot, 1873, 323; V.C.H.,
Colchester Museum (no. 16). 1963, 146.

69. Prittlewell, TQ 87858745, lost? V.C.H., 1963, 167.

GLOUCESTERSHIRE   (see also nos. 226, 228 and 229)

70.   Cirencester, pre 1880, c. SP 025015,   Irvine, 1879, 256, pl. 9 fig. 6.
      Cirencester museum.   Smith, 1880, pl. 19, fig. 6;
                                                  Toynbee, 1964, 349, pl. 80a.

71.   Kingsholm, 1784, c. SO 835195,   Douglas, 1785, 379; Fosbrooke,
      lost.   1819, 10; Smith, 1846a, 301;
                                                  Fullbrook-Legatt, 1933, 92.

72.   Kingsholm, 1815, ibid., lost.   Fosbrooke, 1819, 11;
                                                  Fullbrook-Legatt, 1933, 93.

73.   South Cerney, 1957, c. SP 055960,   Clifford & Brothwell, 1957,
      lost.   157, plates nos. 8 & 9.

74.   Upper Slaughter, 19th century,   Gomme, 1887, 95; Payne,
      c. SP 155229, lost.   1874, 164.

HAMPSHIRE   (see also nos. 219 and 241)

75.   Bishopstoke, 1864, SU 462213,   Baigent, 1864, 88; Smith,
      lost.   1880, 191; Gomme, 1887, 107.

76.   Winchester, 1877, SU 487294,   Freshfield, 1878, 486; Smith,
      lost.   1880, 191; inf. from Winchester
                                                  Museum. Hants. Chron.:
                                                  26/10/1877.

77.   Winchester, 1877, ibid., lost.   Ibid.

78.   Winchester, 1877, ibid., lost.   Ibid. Hants.Chron.: 2/11/1877.

79.   Stroud Villa, 1899, SU 725237,   V.C.H., 1900.
      lost.

80.   Twyford, 1969, Roman Road,   Information from Winchester
      SU 48302445, Winchester City   City museum, Hants. To be
      museum.   published in Hants. Field Club
                                                  Proceedings, 1977.

HERTFORDSHIRE

81.   Park Street Villa, 1955,   Saunders, 1961, 100.
      TL 147032, Verulamium museum.

82.   Park Street Villa, 1955, ibid., ibid.   Ibid.

83.   St. Albans, c. 1965, TL 139066,   Anthony, 1968, 41.
      Verulamium Museum.

84.   Enfield, 1902, TQ 33359613,   Smith, 1903, 206.
      Forty Hall museum.

85.   Kingsbury, 1799, c. TL 140080,   Gomme, 1887, 135.
      lost.

HUNTINGDONSHIRE

86.	Water Newton, 1739, TL 123967 lost.	Trollope, 1873, 139; Gomme, 1887, 140; Dack, 1899, 150; R.C.H.M., 1926, 526.
87.	Water Newton, 1754, TL 123967, lost.	V.C.H., 1926, 234; Gibson, 1819, 83; Camden, 1789, 163.

KENT

88.	Canterbury, 1868, TR 153577, lost.	Pilbrow, 1871, 160; Smith, 1882, 35 & pl. opp.; Gomme, 1887, 143; Ramm, 1971, 195 no. 63.
89.	Chatham, 1878, TQ 756664, Chatham museum? Not acc. to Toynbee.	Smith, 1878b, 259; Payne, 1878, 415; Payne, 1893, 145; Payne, 1880, 168; Arnold, 1878, 430; Smith, 1880, pl. 19a, figs, 7,8,9; Wheatley, 1927, 159; V.C.H., 1932, 149; Toynbee, 1954b, no. 54 and other refs.
90.	Crayford, 1878, TQ 509747, reburied.	Spurrell, 1889, 313; Smith, 1878b, 259; Smith, 1880, pl. 19a, fig. 6; anon., 1878, 429; V.C.H., 1932, 151; Toynbee, 1954b, no. 2 & other refs.
91.	Chalkwell, Sittingbourne, 1879, TQ 887641, stolen British Museum, 1950.	Read, 1886, 9; Payne, 1893, 54; V.C.H., 1932, 98; Toynbee, 1954b, no. 16 & other refs.; Jessup, 1959, 17, 23; British Museum, 1958, 66 no. 2, fig. 32, no. 2.
92.	Murston, 1869, c. TQ 915642, lost.	Smith, 1880, 190; Payne, 1893, 43; V.C.H., 1932, 97, fig. 18; Toynbee, 1954b, no. 11, & other refs.
93.	Bexhill, Sittingbourne, 1868, c. TQ 911645, lost.	Smith, 1868, 263; Payne, 1874, 164; Gomme, 1887, 154; Payne, 1893, 23; V.C.H., 1932, 96; Toynbee, 1954b, no. 7 & other refs.; Ramm, 1971, 195, no. 65.
94.	Ibid., 1867, ibid., lost.	Ramm, 1971, 195, no. 66; Toynbee, 1954b, no. 8 and other refs. Other refs. as for no. 93.

95 & Ibid., 1871-3, ibid., lost. 96.	Payne, 1874, 171; Smith, 1880, 186; Toynbee, 1954b, nos. 9 & 10.
97 Ibid., 1871-3, ibid., lost. to 100.	Payne, 1893, 29.
101. Ibid., 1868, ibid., Maistone Museum.	Payne, 1874, 165; Payne, 1893, 24; Gomme, 1887, 155; V.C.H., 1932, 96; Weaver, 1907, 372; Toynbee, 1954b, no. 5 & other refs.
102. Bexhill, Sittingbourne, 1871, c. TQ 911645, British Museum.	Payne, 1874, 168; Smith, 1880, 184; Payne, 1893, 24; V.C.H., 1932, 97; Toynbee, 1954b, no. 6 & other refs. British Museum, 1958, 66 no. 3, fig. 32 no. 3; Glass: 44 no. 10.
103. Frindsbury, before 1838, c. TQ 745698, lost (also several others).	Arnold, 1887, 189; V.C.H., 1932, 154; Toynbee, 1954b, no. 3 & other refs.
104. Sturry, 1855, c. TR 190610, lost.	Payne, 1874, 172; Gough, 1786, xxxix; Smith, 1880, 190; V.C.H., 1932, 174; Toynbee, 1954b, no. 22 & other refs.
105. Holborough, 1953, TQ 698627, Maidstone Museum.	Toynbee, 1954a, 34, pls. 13 & 14; Toynbee, 1962, fig. 145; Toynbee, 1964, 350, pl. 80b; Jessup, 1959, 7.
106. Highstead, Sittingbourne, 1934. TQ 905625, Maidstone Museum.	Jessup, 1935, 209; Toynbee, 1954b, no. 18.
107. Lullingstone, 1958, TQ 529652, Lullingstone Museum.	Meates, 1958, lxiii; Roman Britain in 1958, 132, fig. 25; pl. 18, 1-3.
108. Plumstead, 1887, c. TQ 465780, Maidstone Museum.	Smith, 1887, 165; Toynbee, 1954b, no. 13 & other refs.
109. Southfleet, 1801, c. TQ 616727, to lost. 110.	Rashleigh, 1808, 37, pl. 7; Jessup, 1930, 213, pl. 9; V.C.H., 1932, 91; Toynbee, 1954b, nos. 20 & 21; Jessup, 1958, 19, 30; British Museum, 1958, 28 no. 7, pl. 1, no. 7 for contents of 109.
111. Ramsgate (Ozengell), 1846, c. TR 357657, lost.	Smith, 1846a, 301; V.C.H., 1932, 162; Toynbee, 1954b, no. 14.

112. Petham, 1775, c. TR 115525, lost.

Smith, 1857, 173, pl. 40; V.C.H., 1932, 162; Jessup, 1959, 5; Toynbee, 1954b, no. 1.

113. Rochester, 1927, c. TQ 742684, lost? (Rochester Museum originally).

Wheatley, 1927, 162; V.C.H., 1932, 87; Toynbee, 1954b, no. 15.

114. Chatham, 1838, c. TQ 760675, St. Mary's Church, lost.

Wheatley, 1927, 164.

LEICESTERSHIRE (see also 231)

115. Leicester, 1783, c. SK 588047, lost.

Gough, 1786, xliii; Haverfield, 1918, 44.

116. to 118. Leicester, 1873, c. SK 587041, Leicester Museum.

Bellairs, 1878, 246; V.C.H., 1907, 200; Haverfield, 1918, 44.

119. Leicester, c. 1870, ibid., lost.

Bellairs, 1878, 246.

120. Sméeton, c. 1870, c. SP 679927, lost (not certainly Roman).

North, 1870, 275.

121. Leicester, 1899, c. SK 587041, lost.

Freer, 1905, 15; V.C.H., 1907, 200.

LINCOLNSHIRE (see also no. 230)

122. Horncastle, 1897, TF 262695, Lincoln Museum? (probably no. 230).

Conway Walter, 1897, 120; Phillips, 1934, 131.

123. Horncastle, 1897, TF 262695, lost.

Conway Walter, 1897, 120; Philipps, 1934, 131.

124. to 126. Horncastle, c. 1870, TF 262694, lost.

Ibid.

LONDON AND MIDDLESEX (and see no. 242)

127. Old Kent Road, 1811, TQ 331778, lost (purchased by S. White, F.S.A. of Charlton, Dorset).

Rackett, 1814, 333, pl. 25. Smith, n.d., 54; R.C.H.M., 1928, 167.

128. Haydon Square, Minories, 1853, TQ 337811, British Museum.

Hawkins, 1853, 255; Hugo, 1854, 163, pl. 27; Smith, n.d., 46; R.C.H.M., 1928, 159; British Museum, 1958, 66 no. 4, fig. 32 no. 4; V.C.H., 1969, 74; Ramm, 1971, 195 no. 54.

129. Shadwell, 1858, c. TQ 353809, stolen British Museum.

Cuming, 1858, 355 pl. 26; R.C.H.M., 1928, 163.

130. Mansell Street, 1843, TQ 337811, lost.

Smith, 1846a, 299; Smith, 1846b, 309; Smith, n.d., 55.

131. Smithfield, 1749, TQ 317816, lost.

R.C.H.M., 1928, 163.

132. Smithfield, 1877, TQ 318816, lost? Stone coffin on staircase to Barts Hospital library.

Price, 1877, 197; Moore, 1880, 295, R.C.H.M., 1928, 163.

133. Stepney, 17th century, TQ 356809, lost.

Weever, 1631, 30; Smith, 1846a, 299; R.C.H.M., 1928, 163.

134. Bethnall Green, 1862, TQ 34828268, stolen British Museum 1950.

King, 1862, 76; Smith, 1880, 200; Gomme, 1887, 181; R.C.H.M., 1928, 164; V.C.H., 1969, 68; Ramm, 1971, 195 no. 55.

135. Stratford-le-Bow, 1844, c. TQ 375835, lost.

King, 1862, 80; Smith, 1846b, 308; R.C.H.M., 1928, 104; Ramm, 1971, 195 no. 56.

136. Battersea Fields, 1794, c. TQ 275765, lost.

Smith, n.d., pl. 14, fig. 2; Smith, 1846a, 300 & plate; Smith, 1846b, 311; R.C.H.M., 1928, 169, pl. 68 (wrongly captioned); Ramm, 1971, 195 no. 59.

137. New Broad Street, pre 1880, c. TQ 332815, lost.

Smith, 1880, 180; R.C.H.M., 1928, 161.

138. City of London, 1871, unknown, lost.

Baily, 1872, 76.

NORFOLK

139. Heigham, 1861, TG 209091, lost.

Fitch, 1864, 213.

140. Gooderstone, c. 1970, TF 57763012 Roberts Museum, Cockley Clay, Swaffham.

Unpublished: information from C. Green, Esq.

141. Bridgham, 1930, TL 971863, lost.

Bowes, 1933.

NORTHAMPTONSHIRE

142. Irchester, 1876, c. SP 910660, lost.

Bigge, 1878, 88; Smith, 1880, 201, pl. 19a, figs. 1-3.

143. Weekly, 1912, c. SP 875805, lost.

Bull, 1912, 224.

NORTHUMBERLAND

144. Benwell, c. 1930, NZ 217645, lost?   Honeyman, 1936, 50.

NOTTINGHAMSHIRE

145. Brough, c. 1940, c. SK 838584,   Smith, 1941, 106.
     Newark Museum.

146. Brough, c. 1972, c. SK 840585,   Wilson, 1972, 10. Also in-
&   Newark Museum.   formation from H. Radcliffe,
147.   Esq.

148. Margidunum, c. 1965,   Todd, 1969, 55.
&   SK 701416, unknown.
149.

OXFORDSHIRE

150. South Leigh, 1865, c. SP 390071,   Manning, 1898, 39; V.C.H.,
&   lost.   1939, 342.
151.

152. Frilford, 1864, SU 43696J, lost.   Akerman, 1865, 138; Rolleston,
                                            1870, 420; V.C.H., 1906, 208.

153. Frilford, 1864, SU 436965,   Akerman, 1865, 138; Rolleston,
     Ashmolean Museum, Oxford   1870, 420; V.C.H., 1906, 208.
     ("one from Frilford").   Inf. from D. Brown, Esq.

154. Frilford, 1867, ibid., lost.   Rolleston, 1870, 420; V.C.H.,
& 155.   1906, 208.

156. Frilford, 1869, ibid., lost.   Rolleston, 1880, 405; V.C.H.,
                                            1906, 208.

157. Frilford, post-1875, ibid., lost.   Evans, 1897, 241.
to 161.

SOMERSET

162. Ilchester, 1836, c. ST 524232,   Gray, 1905c, 150; V.C.H.,
     Taunton Museum.   n.d., 294.

163. Keynsham Hams, 1922, ST 657694,   Gray, 1922, 371.
     lost?

164. Hobbs Wall, 1886, c. ST 651601,   Hudd, 1887, 313; Gray, 1922,
     lost.   374.

165. Yatton, 1828, c. ST 412666, lost.   Gray, 1922, 374; Rutter, 1829,
                                            70.

166. Chillington, 1848, c. ST 495215,   Gray, 1915, 335; Gray, 1917b,
     Taunton Museum?   117; V.C.H., n.d., 360.

167. Tintinhull, 19th century   Gray, 1902, 52. Inf. from
c. ST 495215, Taunton Museum.   S. Minnitt, Taunton Museum.

168. Bathwick, 1819, c. ST 750650, lost.   Scarth, 1864, 99; Cunliffe, 1969, 216.

169. Wiveliscombe, 1870, ST 098276, lost.   Gray, 1905b, 8; Gray, 1946, 68.

170. Bishopsworth, c. 1870, c. ST 565695, lost.   Gray, 1926, 91.

171. Ilchester, 1906, c. ST 524232, lost.   Gray, 1933, 104.

172. Ilchester, 1906, ibid., lost.   Gray, 1933, 105.

173. Ilchester Mead villa, 1956, ST 512222, Yeovil Museum.   Hayward, 1958, 205.

174. Ilchester, pre-1776, c. ST 522230, lost.   Stukeley, 1776, 155.

SUFFOLK

175. Ipswich, Tuddenham Road, Ipswich Museum.   Unpublished: mentioned as such by Toynbee, 1964, 347.

176. Icklingham, 1871, TL 783719, lost.   Prigg, 1853, 56; V.C.H., 1911, 310; Prigg, 1901, 67.

177. Great Wenham, 1952, TM 073383, Ipswich Museum.   Roman Britain in 1952, 122.

178. Walton Castle, 1853, lost.   V.C.H., 1911, 307.

179. Rougham, 1844, TL 900617, Fitzwilliam Museum, Cambridge.   Babington, 1844, 258, Henslow, 1844, 271, pl. p. 278; Gomme, 1887, 313; V.C.H., 1911, 315; Jessup, 1959, 7.

SURREY

180. Croydon, c. 1848, c. TQ 325655, lost.   Smith, 1903, 207; Thompson, 1849, 384.

181. Beddington, late 19th century, TQ 295653, Beddington Church.   Johnston, 1933, 229. Inf. Rev. Read.

SUSSEX

182. Wellingham, c. 1870, c. TQ 430135, Duddles Field, lost.   Dudenay, 1871, 327.

WILTSHIRE   (and see no. 232)

183. Devizes, c. 1962, SU 010610, lost.   Annable, 1963, 222.

184. Westbury, 1960, ST 847527, lost.   Annable, 1960, 402.

185. Bratton, 1910, c. ST 895520.   Cunnington, 1932, 208.
      Lost: illustrated in Devizes Museum
      ms. book W.69.

186. Grittleton, 1852, c. ST 860802, lost.   Jackson, 1862, 128; Cunnington,
                                                 1932, 190.

187. Headington Wick, 1855, c. ST 968677,   Falkner, 1855, 283; Cunnington,
      lost.   1932, 191.

188. North Bradley, 1851, ST 84105311,   Cunnington, 1932, 177;
      lost.   Annable, 1960, 402.

189. Roundway, 1852, c. SU 018626,   Falkner, 1853, 61; Cunnington,
      lost.   1894, 309.

WORCESTERSHIRE

190. Crowle, 18th century, c. SO 935570,   Nash, 1781, 281; Gray, 1922,
      lost.   375.

191. Hadley Heath, Ombersley, c. 1800,   Allies, 1840, 107.
      c. SO 860630, lost.

YORKSHIRE

192. York, 1875, c. SE 595515,   Smith, 1880, 177 & plate.
      York Museum.   R.C.H.M., 1962, 83, no. D(i);
                                                 Ramm, 1971, 193 no. 24.

193. York, c. 1875, ibid.,   Smith, 1880, 179; R.C.H.M.,
      Yorkshire Museum.   1962, 84, no. D (xi).

194. York, c. 1875, ibid., lost.   R.C.H.M., 1962, 84, no. D(xi).

195. York, c. 1875, ibid., lost.   R.C.H.M., 1962, 84, no. D(xi);
                                                 Ramm, 1971, 193 no. 29.

196. York, 1875, ibid., lost.   R.C.H.M., 1962, 84, no. D(xi).
& 197.

198. York, 1840, ibid., York Museum.   R.C.H.M., 1962, 80, no. A(i);
                                                 Wellbeloved, 1842, 112; Ramm,
                                                 1971, 193 no. 3.

199. York, 1840, ibid., York Museum.   R.C.H.M., 1962, 80, no. A(ii);
                                                 Wellbeloved, 1842, 112.

200. York, 1840, ibid., lost.   R.C.H.M., 1962, 80, no. A(iii).

201. York, 1701, c. SE 601523, lost.	R.C.H.M., 1962, 74. Wellbeloved, 1842, 112; Smith, 1880, 180.
202. York, 1702, ibid., lost.	Wellbeloved, 1842, 112; R.C.H.M., 1962, 74.
203. York, 1840, c. SE 595515, York Museum.	R.C.H.M., 1962, 81, no.B(v); Ramm, 1971, 193 no. 7.
204. York, 1840, ibid. Coffin lost: ossuarium in York Museum.	R.C.H.M., 1962, 81, no.B(ii) & 140 re contents; Smith, 1880, 176; Ramm, 1971, 193 no. 5.
205. York, 1870, ibid., York Museum.	R.C.H.M., 1962, 86, no.F (xii).
206. York, 1845, c. SE 595515, Sheffield Museum.	R.C.H.M., 1962, 86, no.H(ii).
207. York, 1845, ibid., Sheffield Museum.	Ibid.
208. York, 1845, ibid., lost.	Ibid.
209. York, 1873, ibid., York Museum.	R.C.H.M., 1962, 85, no.F(i).
210. York, 1892, c. SE 607515, lost.	R.C.H.M., 1962, 70, no.C(i) and 140 re. contents.
211. York, 1873, c. SE 595515, York museum.	R.C.H.M., 1962, 85, no.F(v).
212. York, 1868, ibid., lost.	R.C.H.M., 1962, 85, no.F(vi); Ramm, 1971, 194 no. 34.
213. York, 1875, ibid., lost.	R.C.H.M., 1962, 83, no.D(iii).
214. York, 1892, ibid., lost.	R.C.H.M., 1962, 83, no.D(ix); Ramm, 1971, 193 no. 28.
215. York, 1875, c. SE 595515, lost.	R.C.H.M., 1962, 83, no.D(x).
216. Heworth, c. 1966, c. SE 633529, unknown: probably York Museum.	Ramm, 1971, 194 no. 47; Y.P.S.R., 1967, 50: see addenda to Bibliography.
217. York: Castle Yard, c. 1958, SE 605514, York Museum.	Ramm, 1958, 400; R.C.H.M., 1962, 67, no. A(i); Ramm, 1971, 193 no. 1.
218. Newton, 1908, unknown, lost.	Published only in local newspaper: inf. from Doncaster Museum.

Addendum

219. Winchester (Hampshire), c. 1857, SU 487294. St.John's Tavern, lost.	Hampshire chronicle: 26/10/1877: Inf. from A. Rance, Esq., Winchester City Museum.

WALES

220. Rhuddgaer, Llangeinwen, 1878, SH 442638, University Museum, Bangor.

Wynn Williams, 1878, 136; Hughes, 1926, 379, figs. 1 & 2; R.C.H.M., 1937, lxxxix & pl. 15; Nash Williams, 1950, 59 & pl. 5.

221. Caerwent, 1855, c. ST 474904, lost.

Morgan, 1855, 76; Smith, 1906, 207.

222. Cefn On, 1951, c. ST 180855, Museum of Wales, Cardiff.

Murray-Threipland, 1953, 72, fig. 1; Toynbee, 1964, 349.

223. Caerwent, c. 1900, c. ST 475905, Newport Museum.

Unpublished? Inf. from Curator.

224. Caerleon, c. 1936, c. ST 340910, apparently thrown out of Museum of Wales.

Nash Williams, 1937, 325; Boon, 1972, 106.

SCOTLAND

225. Origin uncertain, pre-1889. Dumfriess Museum.

Toynbee, 1966, 80.

Addenda

226. Cirencester, 1974, by-pass construction. Cirencester Museum.

Information from Curator. Roman Britain in 1976, 364.

227. Colchester, 1853, unknown, lost.

Colchester Museum Register (no. 17).

228. Gloucester, c. 1975, Derby Rd., Gloucester Museum.

Information from Curator.

229. Gloucester, c. 1974, Brunswick Rd., Gloucester Museum.

Information from Curator.

230. Horncastle, pre-1930, 'From gardens'. Lincoln Museum?

Information from Lincoln Museum Ordnance Survey register; probably one of nos. 122 to 126.

231. Leicester (?). Unknown, several in Jewry Wall Museum.

Information from Jewry Wall Museum; probably some of nos. 117 to 121 or 123.

232. Maidstone Bradley, 1967.

Information from F. Annable, Esq. at Devizes Museum – "probably published in later Wiltshire Archaeological Magazine." Not traced.

233. to 236.	Poundbury, Dorset 1975 and 1976, c. SY 685911. Dorchester Museum.	Inf. from C. Green, Esq.
237.	Barrack Square, Dorchester, Dorset 1971, SY 68719067. Dorchester Museum.	Inf. from C. Green, Esq., to be published in Vol. I Dorctester Excavation Reports.
238. & 239,	Poundbury, Dorset 1968 and 1973 c. SY 685911, Dorchester Museum.	Inf. from C. Green; Green, 1968, 173.
240.	Great Chesterford, Essex, 1795, TL J0704235, lost.	Gough, 1786, Vol. II, 1 pl. 1, no. 4.
241.	Twyford, Roman Road, 1969, SU 48302445, Winchester City Museum.	See no. 80.
242.	London, Crystal Palace	Smith 1880, 200. Refers to a lead coffin, 3 feet long decorated with palm branch symbols which was formerly here. No other reference or details of its fate has been traced.
243.	Colchester, Balkerne Gate, 1975, c. TL 9925, Colchester Museum.	Inf. from Colchester Museum.

SECTION 2

1. Caerleon, c. 1929, 550 yds. ESE   Wheeler, 1929, 1, fig. 3.
   of bridge. Museum of Wales, Cardiff.

2. Keston, 1967, TQ 415634, Site Museum.   Philp, 1968, 10.

3. Chester, 1852, c. ST 407653,   Smith, 1880, 177, pl. p. 201;
   Chester Museum.   Watkin, 1886, 217; Lawson,
        1928, 181.

4. Colchester, 1931, c. TL 792102   Hull, 1931, 31.
& 5. Colchester Museum.

6. Theydon Mount, 1863, TQ 47359786,   Bowyer Smith, 1863, 184.
   lost.

7. Colchester, 19th century,   Smith, 1868, 228.
   c. TL 990250, Beverly Road,
   Colchester Museum.

8. Winchester, c. SU 480295, lost.   Smith, 1903, 209.

9. Enfield, 1902, TQ 33359613,   Smith, 1903, 206; V.C.H.,
& 10. lost?   1969, 70.

11. Highstead, 1934, c. TQ 905625,   Jessup, 1935, 209; Toynbee,
    lost.   1954b, no. 19.

12. Fenchurch Street, 1833,   R.C.H.M., 1928, 155.
    c. TQ 337812, lost.

13. Colchester, 1861, Union House,   Unpublished?
    c. TL 990250, Colchester Museum.

14. West Mersea Barrow, TM 023144,   Clapham, 1922, 93.
    Colchester Museum.

15. Broad Street, TQ 331817,   R.C.H.M., 1928, 155.
    Guildhall Museum.

16. Warwick Square, 1881, TQ 318813,   Grover, 1881, 88; Tylor, 1884,
to   British Museum (not all?).   224; R.C.H.M., 1928, 154,
19.   pl. 26; British Museum, 1958,
        66, fig. 32; Toynbee, 1964, 353.

20. Mansell Street, 19th century,   R.C.H.M., 1928, 157, fig. 64;
    TQ 337811, lost?   Smith, 1903, 208.

21. Endell Street, 1864, TQ 301815,   Franks, 1864, 376; R.C.H.M.,
    British Museum.   1928, 165; Robertson, 1974,
        254, fig. 5.

22. Donnington, 1818, c. SU 854019, lost.	Steer, 1965, 28.
23. York, 1840, c. SE 595515, York Museum.	Smith, 1880, 175, pl. p. 176; R.C.H.M., 1962, 81, no.B(ii), 140.
24. York, 19th century, ibid., York Museum?	Smith, 1880, 172, 173.
25. York, 19th century, ibid.? Lost.	Smith, 1880, 174.
26. York, 1966, SE 59755132, York Museum.	Radley, 1971, 9.
27. Sittingbourne, 1879, c. TQ 887641, lost.	Read, 1886, 10; Payne, 1893, 57; Toynbee, 1954b, no. 17.

SECTION 3

1. Huntingdon, c. TL 240720, Archaeology Museum, Cambridge.	Donovan, 1934, 116; R.B. in 1934, 216, pl. 32 no. 1.
2. Bourton on the Water, 1933, & 3. SP 163209, Cheltenham Museum.	Herdman, 1933, 377; Donovan, 1934, 99, 115; R.B. in 1934, 216, pl. 36, 3 & 4.
4. Cambridge, c. TL 450590? Archaeology Museum, Cambridge.	Donovan, 1934, 116; R.B. in 1934, 216, pl. 36, 2.
5. Wigginholt, 1943, TQ 062178, Long Gallery, Parham Park.	Curwen, 1943, 156, pl. 28; Curwen, 1944, 1, no. 1, pl. 1; Toynbee, 1964, 353.
6. Icklingham, c. 1727, c. TL 775725, lost.	Salmon, 1730, 161; V.C.H., 1911, 309.
7. Icklingham, c. 1940, c. TL 775725, British Museum.	Kraay, 1942, 219; British Museum, 1958, 62, fig. 30. Toynbee, 1964, 353.
8. Icklingham, 1971, c. TL 775725, Ipswich Museum.	R.B. in 1971, 330. Inf. from R. Moat, Esq.
9. Walesby, Lincolnshire, 1959. Lincoln Museum.	R.B. in 1959, 238, pl. 26, no. 16; Toynbee, 1964, 353. Lincolnshire Architectural and Archaeological Reports and Papers 9, 1961, 13, pl. 2.
10. Bishop Norton, 1946, TF 002947, Lincoln Museum.	Petch, 1957, 9; Toynbee, 1964, 354.
11. Ireby, 1946, NY 234390, Carlisle Museum?	Richmond, 1946, 164 & fig.

12.	Caistor, 1863, TA 115013,	Hawkes, 1946, 23, fig. 4;
	British Museum/Lincoln Museum.	Toynbee, 1964, 355.
13.	East Stoke, c. 1954, c. SK 755500,	R.B. in 1954, 147; Toynbee,
	Newark Museum.	1964, 355, pl. 81a.
14.	Enford, 1967, SU 136519,	Vatcher, 1967, 126.
	Devizes Museum.	
15.	Rochester, 1878, c. TQ 745685, lost.	Smith, 1878a, 117.
16.	Felixstowe, lost.	Smith, 1878b, 259.
17.	Willingdon, 1847, c. TQ 603036,	Lower, 1848, 160 & fig.
	lost.	

<u>General references</u>

Toynbee, 1953, 16; Frend, 1955, 7; Toynbee, 1964, 353; Painter, 1971, 163.

APPENDIX 2

NONDECORATIVE FEATURES ANALYSIS

Key	Column heading	Symbol employed
Depth of item below ground level at discovery.	A	in cm
Burial within tumulus: primary		T
secondary		Ta
Length of item.	B	in cm
Breadth of item (or, if circular, diameter).	C	in cm
If item is tapering from head to foot, breadth		
at foot is given in brackets		in cm
Height of item; if item is dipping, from head to	D	in cm
foot, height at foot is given in brackets		in cm
Associated coffins and funerary structures	E	
Traces of wooden outer coffins: nails		n
length (if known)		in cm
wood		w
thickness (if known)		in cm
Traces of wooden inner coffins: nails		N
wood		W

Iron fittings for wooden and lead coffins:

Iron fittings present		I
4 iron bands around body		I1
Angle irons from wooden outer coffin		I2
Hooped in iron		I3
Longitudinal iron bars supporting lid (of lead)		I4
Bound in two iron bands at edges		I5
2 iron plates assoc. with wooden coffin		I6
Thin iron braces at ends		I7
Iron cramps fastening lid		I8
Iron cross-pieces supporting lid		I9
3 iron bars supporting lid		I10
Associated with mausoleum		M
Stone outer coffin: plain		S
decorated (B.M., 1958, 66, fig, 33)		S3
Cist grave:		C
of stone		Cs
of stone, with 2 slab lid, iron ring in each		S2
of tile		Ct
of tile, probably		Ct?

No outer wooden coffin	–
Coffin raised on stone pillars	P
Coffin based on bed of 'lime' or cement	CM
No information	o

Orientation of burial   F

Head to West	W
West-North-West	WNW
North-West	NW
North	N
North-East	NE
East	E
South	S
South-West	SW

Orientation: head end unknown

East/West	ew
North/South	ns
North-East/South-West	ne
North-West/South-East	nw
No information	o

Details of construction for coffins   G
  (for illustration see fig. 2, p. 11)

One rectangular piece of lead for sides, base and ends with corners cut out and sides and ends bent up. One piece for lid.	2
As for no. 2 but with one end reduced to fit into stone coffin by cutting sides away from base at one end and folding them around the end.	2a
One piece for sides and base with the sides bent up. 2 separate pieces for the ends and 1 for the lid.	3
6 pieces for 2 sides, 2 ends, the base and the lid.	4
2 pieces: one for lid and sides (or ends) and one for base and ends (or sides) - rather unclear.	5
'The lid is a continuation of one of the sides'.	6
As for no. 2 but one end is a separate piece	7
1 piece with the corners half cut out and then folded around the sides.	8
As for no. 2 but with both lid and body piece made of two pieces joined together either transversly or longitudinally. (See fig. 1, no. 10, for transverse).	9
As for no. 9 with transverse joint.	10
Single sheet of lead wrapped around body to fit shape.	11
Only 3 pieces remaining: indeterminate.	12

Subsidiary features

Lid secured by 'cement'	c
Flanges of lead 4 cm long at the top corners of sides and ends to join them together.	d
Lid larger than body but not folded over.	e
Joints of no. 2 (above) type soldered with just a lump of solder in the upper corners.	f
Joints of no. 2 (above) type fixed by virtue of 'n' (below) and additional hammering.	g
Crudely made of a piece which has been used before.	h
Possibly lid originally soldered to body of coffin.	j
Lead strappings in wooden outer coffin.	k
Lid nailed to wooden outer, as shown by nailholes.	m
A thin layer, which would appear to be lead or solder ($\underline{c}$. 5 mm wide), added to edges of sides and ends, not only on the mutual edges, but also to the edges under the lid. This is accompanied by the scoring of a narrow groove, a few mm in, on the inner side of the outermost edges.	n
As above for n, but less distinct and extensive.	n1
As for n, but with a much wider (4 cm) layer on the uppermost edge of one side.	n2
Corner joints soldered from top to bottom, inside.	p
Sides slightly folded around ends.	r
Head end bent at one edge so as to make straight joint with side.	r1
One side of foot end of coffin folded slightly around side of coffin.	r2
Both sides of one end of coffin folded slightly around side of coffin.	r3
Upper edges of sides and ends lapped over upper edges of enclosing wooden coffin.	r4
Plugs (wedge shaped & circular in section) of lead $\underline{c}$. 10 cm long soldered in upper corners of joints.	q
Joints hammered.	s
Corners rivetted (with lead rivets?).	t
Joints soldered.	u
Lid bent down at edges over sides and ends of coffin: usually $\underline{c}$. 2-10 cm.	x
As for x, but at head end only.	x1
As for x, but at foot end only.	x2
As for x, but at ends only.	x3
4 strip angle pieces: 28 x 13 cm	L
As for x, but at sides only.	x4
Joints soldered autogenously with a melt of lead rather than of an alloy of tin and lead (see below J, h. and above p. 13.	y
No solder used at all for joints: (burnt joint?)	w
Nail holes in shell of coffin.	z
No information.	o

Skeletal contents   H

   Adult   A
   Child   C
   Child or dwarf   D/C
   Young   Y
   Male   M
   Female   F

Mineral contents   I

   Gypsum analysed to be present.   G
   'Gypsym':   present.   g
            covering skeleton.   g1
            as bed for skeleton or in small quantities.   g2
   'Lime':   present.   c
            covering skeleton.   c1
            as bed for skeleton or small quantities.   c2
   Clay filling (secondary?)   ca
   Gravel filling (secondary?)   d
   Charcoal included in fill.   e
   Body wrapped in cloth (traces of fibres).   f
   Body wrapped in hide (traces of hairs).   h
   Layer of substance originally identified as calcareous
      containing phosphoric acid, later as 10% bone and rest
      sand and carbonate of lead   p
   Layer of 'white lead' inside coffin.   w
   No filling (other than stated):   mainly recent finds.   ‑
   No information or no reliable mention.   o
   'Plaster of paris' in stone coffin   k

Analysis of lead   J

   Pure lead.   b
   Pure lead and some tin.   a
   No silver.   c
   4 oz per ton of silver.   d
   Small quantity of tin.   e
   Desilverised.   f
   Lead 97, tin 1:65, oxygen 1.3%.   g
   Lid and 'solder' in corners same composition:
     tin 0.3, lead 99.6%, Ag 6 oz per ton.   h
   3.28% tin.   j
   3 samples from 2 of the Poundbury coffins with 3.05,
     2.1 and less than 1 oz of Ag per ton.   k
   No information.   o

Approximate average thickness of lead   K   in mm

   No information.   o

Contents of coffins and ossuaria   L

(other than mineral and skeletal)

Notes on contents with references to Section 1 Notes (p. 63)

Apparently no contents.   –

No information.   o

Sundry notes (with references to Section 1 Notes)   M

Methods of construction of ossuaria   N

In 2 pieces - 1 rectangular folded into a cylinder for
   body and 1 circular for base. Flat circular lid lapped
   over at edges.   a
As for a, with a hole in the lid and a stopper.   a2
As for a, with a hook in the centre of the lid.   a3
As for a, with a concave base.   a4
One rectangular piece for body, with corners cut out and
   sides bent up (as coffin type 2). Another piece for lid,
   lapped over.   b
In 2 pieces - 1 rectangular for body, folded into a
   cylinder with the top pinched to a point. 1 circular
   for base.   c
Cylindrical as for a, but with shoulder and funnel mouth
   with a sheeved stopper. Upper one-third (funnel &
   shoulder) and perhaps the cylindrical body were probably
   cast.   d
As for d, but with shorter funnel and wider mouth.   d2
·As for d, but with a 'contracted neck'.   d3
·As for a, but with a funnel mouth added & stopper.   e
With a circular body and a cupola type lid with a short
   funnel mouth at the top.   f
As for f, but with a very shallow circular body & a
   similar cupola type lid with a hook on top.   f2

Coffin No.	A (cm)	B (cm)	C (cm)	D (cm)	E	F	G	H	I	J	K	L	M
1.	90	188	60	o	n(20)	ew	2xw	o	o	o	o	o	
2.	90	167	55	o	n(20)	ew	2xw	o	o	o	o	o	
3.	o	172	o(o)	o	I2	ew	o	o	o	o	o	o	Lead oss. on chest (prob)
4.	o	164	43	35	w	ne	2xut	AF	o	o	4	o	Note 1: 364+ date
5.	o	o	o	o	o	o	o	o	o	o	o	o	
6.	150	o	o	o	o	ns	o	AM	o	o	o	o	Late 3rd cent. pot.
7.	o	o	o	o	o	o	o	o	o	o	o	o	Bird bones underneath
8.	o	o	o	o	o	o	o	o	o	o	o	o	
9.	o	193	49(47)	23	SM	SW	3uxs	AM	–	b	o	o	4th cent. bottle (Jessup, 1958, 20) cf. note 2
10.	o	183	43(40)	32(28)	SM	SW	3s	AF	–	a	o	–	Note 2: under no. 9
11.	o	o	o	o	o	o	o	o	o	o	o	o	
12.	o	105	36	o	Cs	o	o	C	o	o	o	o	Vase: Chester Museum
13.	o	109	55	25	o	o	o	o	o	o	o	o	
14.	183	208	61	o	Vnw	o	o	o	o	o	o	o	
15.	122	o	o	o	CsPnw	S	wz	o	o	o	o	o	Coins: note 3
16.	o	o	o	o	nw	o	o	o	o	o	o	o	
17.	o	o	o	o	nw	o	o	o	o	o	o	o	
18.	o	o	o	o	o	o	o	o	o	o	o	o	
19.	110	166	45(32)	23(21)	nw	NW	2	o	o	o	o	o	No lid
20.	47	157	40	28	nwCs	ew	o	o	o	o	o	o	
21.	o	165	49(36)	36	n	WNW	2qrm1	A	g	o	7	–	
22.	o	121	32(28)	30	n	WNW	2xfn1	C	g	o	4	–	
23.	o	119	32	28	n	W	2x3rfn	A	g	o	6	–	
24.	o	167	45	42	n	W	2xfn	A	g	o	5	–	
25.	o	103	33(28)	29(25)	n	W	2ng	C	g	o	7	–	
26.	o	170	44(41)	32	n	WNW	2x3f	A	g	o	7	–	

No.	A (cm)	B (cm)	C (cm)	D (cm)	E	F	G	H	I	J	K	L	M
27.	0	163	38	29	n	W	2pn2x4	A	g	o	5	–	
28.	0	168	68(62)	41	n	WNW	3qur1r2	A	g	o	7	–	
29.	0	0	0	0	n	WNW	o	AF	g	o	0	–	Very thin lead
30.	0	0	0	0	n	WNW	o	A	g	o	0	–	Note 4
31.	0	0	0	0	n	WNW	o	AM	g	o	0	–	
32.	0	0	0	0	nM	W	o	A	g	o	0	–	Maus. 10: note 5
33.	0	97	67(o)	0	nM	WNW	o	C	g	o	0	–	Maus. 10
34.	0	0	0	0	nM	WNW	o	A	g	o	0	–	Maus. 9: note 6
35.	0	0	0	0	nM	WNW	o	A	g	o	0	–	Maus. 9
36.	0	0	0	0	n	WNW	o	C	g	o	0	–	
37.	155	175	40	26+	n?N?	WNW	4u?x	AM	g	k	5	–	c. 370 lbs
38.	0	162	42	33	N?	WNW	2ux	AF	g	k	5	–	250+ pottery in grave fill: c. 330 lbs
39.	0	0	0	0	n	W	o	C	o	o	0	–	
40.	0	183	43	0	o	o	o	o	o	o	0	o	
41.	0	183	56(51)	38	–	o	2xu	A	g	o	0	–	Note 27
42.	0	0	0	0	o	o	o	o	o	o	0	o	
43.	106	106	30(25)	18	–CM	o	2x	C	o	c	0	0	270+ sherd in fill (note 7)
44.	183	0	0	0	n(11)	o	2ux	AM	o	o	0	0	Note 8
45.	0	167	48	33	n(7)Cs	S	2xs	A	–	d	7	0	Hobnails, as in no. 44
46.	130	147	29(22)	23(21)	o	N	x	YA	c	o	0	0	
47.	130	71	30(o)	13	o	N	x	o	c	o	0	0	
48.	130	127	32	0	n	N	o	o	c	o	0	0	
49.	0	0	0	0	o	o	o	o	o	o	0	0	
50.	0	0	0	0	o	o	o	o	o	o	0	0	
51.	0	183	0	0	Ct	o	o	A	o	o	0	0	
52.	0	0	-0	0	nw	o	o	o	o	o	0	0	
53.	93	186	46	30	n	nw	2wcx	o	o	o	0	0	Pottery & glass: note 9
54.	210	150	30	25	o	ne	3	o	o	o	0	0	Note 23
55.	0	0	0	0	o	o	o	o	o	o	0	0	

No.	92	84	31	23	n(10)w(6)	ns	2mr3					Notes
56.								o	o	o	o	– Nails all around edge of lid
57.	90	153	38	25	w	o	k	o	o	o	o	Urn & platter: 3rd cent.+
58.	61	155	35	23	n	o	2u	AF	-d	o	o	2 earrings (gold wire)
59.	0	0	0	0	o	ne	o	o	o	o	o	1 brass, 2 jet bracelets, 4 jet pins near head
60.	183	130	38(28)	24	o	W	2ux	o	c2	e	o	o
61.	0	0	0	0	o	W	o	o	c2	o	o	o
62.	15	183	45(40)	25	n	o	2um	o	o	o	o	o Nail in situ in lid
63.	153	210	45	30	n	o	k	o	o	o	o	Black vessel & cup
64.	0	196	79	25	n	o	2ux	AF	o	o	o	Note 24
65.	47	153	30	25	o	N	2ux	o	o	o	o	-
66.	0	93	25	25	n	o	6	o	o	o	o	o
67.	0	106	25(18)		wn(5)	o	o	D/C	d	o	thin	o
68.	0	162	30(o)	30	o	o	o	o	o	o	o	Perhaps double-sided bone comb (horse terminals)
69.	0	0	0	0	o	ne	2t	o	o	o	o	Grey porringer on lid: said to be 2nd century
70.	0	0	32+	36+	o	o	o	o	o	o	o	o
71.	0	186	61(43)	38	nw	o	o	A	o	o	o	-
72.	0	0	0	0	S	E	ws	A	o	o	o	o See p. 16
73.	0	157+	0	0	o	o	3u	AF	o	o	o	o
74.	0	186	0	0	nw(5)I2V	o	o	AM	o	o	o	o
75.	150	167	40	24	w	W	2xr	AF	o	o	6	3 or 4 thin yellow-green glass bottles
76.	120	206	86	74	14	WSW	xr	o	c?	o	10	Coffin no. 77 inside. Note 29
77.	120	183	66	61	I4	WSW	xr	AF	c?	o	10	Coin of Antoninus Pius
78.	60	183	53(34)	33	n(20)w(10)	ew	xr	o	o	o	o	Coin of Hse. of Constantine. c. 310 A.D. Trier: Soli Invicto Comiti

Coffin No.	A (cm)	B (cm)	C (cm)	D (cm)	E	F	G	H	I	J	K	L	M
79.	o	o	o	o	o	o	o	o	o	o	o	o	
80.	180	60	32(24)	25	o	N	7x	C	o	o	o	Note 28	
81.	o	198	43	35	SV	NE	2u	AM	-	o	o	Glass bottle c. 300	
82.	o	174	47	38	S	ns	7ur4	AF	-	o	o	2 silver hair pins	
83.	o	114	25	20	Tn	o	7uxm	C	-	o	o	Coin in teeth: note 10	
84.	60	195	48(43)	33	o	NE	o	o	c	o	o	o	
85.	o	167	o	o	V	o	o	o	o	o	o	o	
86.	o	o	o	o	o	ns	o	o	o	o	o	o	Weight: 400 lbs
87.	o	137	38	o	S	ns	o	AM	o	o	o	o	
88.	183	132	37	o	o	N	o	CF	c2ca	o	4	-	
89.	213	183	68(58 ?)	o	n(15)w(10)I5	N	2x	CF	c1	o	o	Pale green glass vessel. Child in large coffin	
90.	o	168	51(30)	30	o	ns	o	AF	o	o	o	-	
91.	153	114	30	22(14)	n	W	2e	CF	g?	o	o	2 gold armillae, 1 jet ring, gold ring: 275+	
92.	275	198	o	o	I7	o	o	AF	-	o	o	Lachrymatory and vase	
93.	275	188	74	33	n	ew	o	AM	c	o	o	Note 25	
94.	o	o	o	o	o	ew	o	AF	c	o	o	-	
95.	o	o	o	o	o	o	o	o	-	o	o	-	
96.	o	o	o	o	o	o	o	o	-	o	o	2 gold wire rings, simple with 1 overlap: 3 jet pins (3'') with facetted heads	
97.	o	o	o	o	o	o	o	o	o	o	o	o	
98.	o	o	o	o	o	o	o	o	o	o	o	o	
99.	o	o	o	o	o	o	o	o	o	o	o	o	
100.	o	o	o	o	o	o	o	o	o	o	o	o	
101.	o	196	56	48	o	o	3xu	o	c	o	o	Glass phial (6'' long): note 11	
102.	o	153+46	o	o	nw	S	x	o	o	o	o	o	
103.	400	o	o	o	o	o	o	o	o	o	o	Pottery	

No.													Note
104.	153	172	o	o	S	o	4	o	o	o	o	o	
105.	Ta	106	45(28)	30(26)	o	WSW	2ux	C	–	o	o	–	Later 3rd cent. (excav.)
106.	o	162	61	29	I8	o	3	AF	–	f	8	o	Assoc. with 3rd/4th cent. pottery
107.	335	203	45	o	nwM	NE	3	AM	g	o	o	o	Various: note 12
108.	81	183	38	30	w	N	x	AF	o	o	8	o	Weight 3 cwt
109.	o	o	o	o	S2	ew	5	C	–	o	o	o	Gold chain & rings: note 13
110.	o	o	o	o	S2	ew	5	C	–	o	o	o	
111.	o	o	o	o	o	o	o	C	o	o	o	–	
112.	15	74	30	22	o	o	o	C	o	o	o	–	Castor ware urns nearby, note 26
113.	210	o	o	o	o	ns	o	C	o	o	o	o	
114.	o	o	c	o	o	o	o	o	o	o	o	o	
115.	185	162	46	o	I9	E	o	o	o	o	13	o	Weight 1 cwt
116.	152	162	51(35)	63(45)	n	W	x?	AF	o	o	o	o	
117.	122	o	o	o	o	W	2xs	o	o	o	o	o	
118.	122	o	o	o	I10	W	2xs	o	ce	o	o	o	
119.	o	o	o	o	o	o	o	o	o	o	o	o	
120.	91	79	30(20)	o	n	o	8	o	o	o	o	o	Nail holes in lead
121.	o	o	o	o	o	o	o	o	o	o	o	o	
122.	61	157	o	o	–	ew	2	AF	c	g	o	o	
123.	o	170	o	o	–	ew	o	o	c	g	o	o	
124.	o	o	c	o	o	o	o	o	o	o	o	o	
125.	o	o	c	o	o	o	o	o	o	o	o	o	
126.	o	o	o	o	o	o	o	o	o	o	o	o	
127.	o	o	o(o)	o	o	o	o	o	o	o	o	–	
128.	o	137	37(31)	22	S3	E	2a	CM	o	o	o	–	Late 3rd cent.+: Ramm
129.	o	175	38(33)	28	o	ew	3ux	o	o	o	o	o	
130.	o	76	31	23	o	o	x	C	o	o	o	o	
131.	D	122	31	23	o	o	o	C	o	o	o	o	Note 14

Coffin No.	A (cm)	B (cm)	C (cm)	D (cm)	E	F	G	H	I	J	K	L	M
132.	335c	180c	50	o	S	W	o	AF	o	o	10	o	Possibly no lid. Note 22
133.	o	o	o	o	o	o	o	o	o	o	o	o	Note 15: several contents
134.	120	178	40(35)	26	nw	o	x	C	c1	o	o	o	2 jet pins. Weight 4 cwt
135.	150	167	40(22)	22	w	o	3ux	YA	c1	o	o	o	o
136.	65	145	40(33)	o	o	o	o	o	o	o	o	o	o
137.	420	188	87?	45?	o	o	o	o	o	o	o	o	Note 16
138.	o	o	o	o	o	o	o	o	o	o	o	o	o
139.	122	o	o	o	nw	o	2xw	AF	o	o	o	o	o
140.	100	o	o	o	-T	ew	o	o	o	o	o	o	o
141.	o	o	o	o	o	o	o	o	o	o	o	o	o
142.	o	96	o	o	o	o	w	CF	o	o	o	o	Prob. reused piece of lead
143.	60	186	61(40)	30	o	NE	2	o	o	o	o	o	o
144.	o	106	34	26	nw(4)	o	2uL3	C	-	h	9	Note 17	
145.	40	183	35(30)	30	-	N	2ux	o	o	o	o	Sherd of 3rd century	
146.	o	o	o	o	o	o	o	o	o	o	o	o	
147.	o	o	o	o	o	o	o	o	o	o	o	o	
148.	o	157	30(25)	24	o	o	3x	o	o	o	o	10	
149.	o	185	40(33)	o	o	o	9	o	o	o	o	5	
150.	o	o	o	o	o	o	o	o	o	o	o	o	
151.	o	213	76	o	nw	W	o	o	c	o	o	Glass vessel (lost?)	
152.	o	o	o	o		WNW?	o	AM	o	o	o	Coin of Hse. of Constantine, note 18	
153.	o	o	o	o	o	WNW?	o	AM	o	o	o	-	
154.	152	193	45	o	wn(10)	WNW	o	AM	o	j	o	5 coins; latest 383	
155.	152	193	45	o	wn(10)	WNW	o	AM	o	j	o	-	
156.	o	o	o	o	o	o	o	YF	o	o	o	Comb of bone?	
157.	o	o	o	o	o	o	o	o	o	o	o	Coin latest 375	
158.	o	o	o	o	o	o	o	o	o	o	o	Coin latest 378	
159.	o	o	o	o	o	o	o	o	o	o	o	Coin latest 370 (barb. Constantinian)	

No.													Notes
160.	o	o	o	o	o	o	o	o	o	o	o	–	
161.	o	o	o	o	o	o	o	o	o	o	o	–	
162.	o	o	o	o	o	o	o	o	o	o	o	o	
163.	60	175	38(32)	35	S	W	2j	A	–	o	o	o	3rd/4th cent. coin nearby
164.	o	198	45	30	S	N	2	o	o	o	o	o	
165.	o	o	o	o	S	NW	o	o	o	o	o	o	
166.	o	183	o	o	o	o	o	o	o	o	o	o	
167.	o	o	o	o	o	o	o	o	o	o	o	o	
168.	o	o	o	o	w	o	o	o	o	o	o	o	
169.	240	o	o	o	o	N	o	o	o	o	o	o	
170.	o	o	o	o	o	o	o	o	o	o	10	o	Lid only 4 mm thick
171.	106	o	o	o	o	W	x	AM	o	o	o	o	
172.	130	171	o	20	o	o	x	AF	o	o	10	o	Lid only 4 mm thick
173.	30	o	o	o	o	ns	h	C	–	o	o	–	Dated to 4th century
174.	o	o	o	o	S	o	o	o	o	o	o	o	
175.	o	o	o	o	o	o	o	o	o	o	o	o	
176.	o	183	45	35	nCt?	ew	2ux	AF	o	o	9	–	baluster-shaped ivory object on lid
177.	o	183	43	o	nwl2	o	o	o	o	o	o	o	"with" 3rd/4th cent. pottery & glass.
178.	o	o	o	o	o	o	o	o	o	o	o	o	Bronze studs: British Museum. Walton Castle
179.	T	206	43	41	n(5-30)CM	o	2ux	A	ch	o	o	o	290+ within house structure. Coin in mouth? Barrow by road.
180.	150	183	50(40)	33	o	W	o	AF	o	o	o	o	Coin of 350-3 poss. ass.
181.	o	136	36(26)	23	o	o	2x	YA	–	o	8	o	
182.	120	208	66	46	w?	o	2	o	o	o	8	o	
183.	90	183	56(38)	29	o	N	10	o	–	o	o	–	

Coffin No.	A (cm)	B (cm)	C (cm)	D (cm)	E	F	G	H	I	J	K	L	M
184.	137	193	44(25)	33	o	E	qx10dx	o	–	o	o	–	
185.	o	o	o	o	o	o	o	o	o	o	o	o	Coins?
186.	o	o	o	o	o	o	o	o	o	o	o	o	
187.	137	o	51(33)	23	o	ns	2	o	o	o	6	o	Thin red vase: brown wash & 3 rows of scale pattern; 3rd cent?
188.	o	o	o	o	o	o	o	o	o	o	o	o	
189.	75	172	35(32)	35	o	ns	2xy	A	p	o	o	o	140 lbs weight
190.	o	o	o	o	S	o	o	o	o	o	o	o	Earthenware urn
191.	o	o	o	o	S	o	o	o	o	o	o	o	
192.	122	o	o	o	S	S	c	YF	g1	o	o	o	2 jet pins: Ramm 3rd (late) or 4th cent. Hair surviving
193.	o	187	o	o	wI3	o	4	A	o	o	o	o	Skeleton on side
194.	o	o	o	o	o	o	o	C	o	o	o	o	
195.	o	o	o	o	o	o	o	YA	g	o	o	o	Cloth surviving
196.	o	o	o	o	o	o	o	o	o	o	o	o	
197.	o	o	o	o	o	o	o	o	o	o	o	o	
198.	o	84	30	28	wm	o	o	C	o	o	o	o	Within built-up area & late?
199.	o	198	o	o	o	o	11	A	o	o	o	o	
200.	o	o	o	o	o	o	o	o	o	o	o	o	
201.	o	o	o	o	–	o	o	o	o	o	o	o	
202.	275	213	o	o	w(6)n	o	o	o	o	o	o	o	
203.	o	91	28	o	o	o	o	C	g	o	o	o	
204.	o	o	o	o	o	o	o	o	g	o	20	o	Note 19. Weight 540 lbs
205.	o	o	o	o	o	o	o	o	o	o	o	o	Fine orange cantharus
206.	o	o	o	o	o	o	o	AF	o	o	o	o	
207.	o	o	o	o	o	o	o	C	o	o	o	o	Green glass phial
208.	o	o	o	o	o	o	o	o	o	o	o	o	
209.	o	193	o	o	wI3	o	o	o	o	o	o	o	

60

No.	1	2	3	4	5	6	7	8	9	10	11	12	Notes
210.	o	o	o	o	o	o	o	o	AF	o	o	o	Note 20
211.	o	o	o	o	o	o	o	o	C	o	o	o	o
212.	o	o	o	o	o	o	o	o	YAM	g2	o	o	Key on chest
213.	o	o	o	o	o	o	o	o	o	o	o	o	o
214.	o	o	o	o	o	o	o	o	C	g	o	o	Cloth: impression on gypsum.
215.	o	o	o	o	nw	nw	o	o	o	o	o	o	Note 21
216.	o	o	o	o	o	o	o	o	o	g	o	o	o
217.	270	122	30	23	o	nw	2x	o	X	g	o	o	Linen wrapping around gypsum: 4th cent. acc. to Ramm
218.	o	o	o	o	S	o	o	o	o	o	o	o	o
219.	o	o	o	o	o	o	o	o	o	o	o	o	o
220.	o	100	85	27	o	Cs?	12	o	o	c?	12	o	Cist of imported limestone. Poss. holes in lead for nails
221.	122	190	46(40)	30	CsSl10	E	2ur4	o	o	o	o	o	Small coal rammed around coffin.
222.	o	o	30+	35+	o	o	o	o	o	o	o	o	Fragment only (30 x 35)
223.													
224.	o	o	o	o	o	o	o	o	o	o	o	o	o
225.	o	o	o	o	o	o	o	o	o	o	o	o	5 frags only
226.	o	o	o	o	o	o	o	o	C	o	o	o	o
227.	o	90	30	22	o	o	o	o	o	o	5	o	Possibly shale or jet armlet
228.	o	o	o	o	o	o	o	o	o	o	o	o	o
229.	o	o	o	o	o	o	o	o	o	o	o	o	o
230.	o	o	o	o	o	o	o	o	o	o	o	o	o
231.	o	o	o	o	o	o	o	o	o	o	o	o	o
232.	o	o	o	o	o	o	o	o	o	o	o	o	o

Coffin No.	A (cm)	B (cm)	C (cm)	D (cm)	E	F	G	H	I	J	K	L	M
233.	o	80	25	o	nw	o	o	C	o	o	o	–	
234.	o	166	35(29)	30	nw	o	2qx	A	o	o	o	–	Contained hair
235.	o	o	o	o	nw	o	o	C	o	o	o	–	
236.	o	o	o	o	nw	o	o	A	o	o	o	–	
237.	o	o	o	o	nw	o	o	o	o	o	o	o	Thin lead lining for wood coffin
238.	o	o	o	o	o	o	o	C	o	o	o	o	St. Andrew's Cross on end
239.	o	o	o	o	o	o	o	o	o	o	o	–	
240.	o	60+	38	o	S	o	o	o	k	o	o	o	
241.	180	200	53	45	o	N	2r3ux	YA	o	o	o	o	Note 28: contained chalk
242.	o	90	o	o	o	o	o	o	o	o	o	o	
243.	o	o	o	o	o	o	o	o	o	o	o	o	Relocated in late Roman pit

APPENDIX 2, SECTION 1

NOTES

1. Contained bone comb, drinking jar, box leaves (cf. note 7, no. 43) and 2 coins of Valens (364-378).

2. Contained body of woman in shroud with bones of shrew and mouse: under wall of mausoleum within which no. 9 was central.

3. Contained 5 Antonine coins and 1 of Faustina.

4. Green dates this burial as the earliest at Poundbury (c. 300) and the others (nos. 21-40) to between then and the 2nd quarter of the 4th century (Green, 1973, 97). He would see this burial as the earliest of several foci, some related to mausolea, which are often in lead coffins in a purely Christian cemetery and are later replaced in this capacity by stone coffins.

5. This and nos. 33, 34 and 35 under mausolea in pairs: dated 330+.

6. More northerly of 2 under mausoleum 9 contained some dark hair and bore an inscription: probably 'IN NOMINI DOMINI' (R.B. in 1972, 330).

7. Contained box leaves in a ring at the head end (cf. note 1, no. 4), also sherds of black coarse ware and a sherd of dark colour-coat with white geometric pattern (possibly New Forest ware: 270+).

8. Contained hobnails, shale spindle whorl and decapitated young man (Liversidge, 1969, 477): possibly associated with coins of Carausius and Constans.

9. Contained pottery vessel and glass bottle and had libation pipe attached. Pot was dated (Wheeler, 1929, 4) to mid-1st century originally; however, this form (Hull, 268b) has since been found in the much later context of the Colchester 'mithraeum' and its span of usage extended into the 4th century. This dating is therefore dubious.

10. Contained Severan coin of 210, between teeth, woollen cloak, phallic amulet, ox vertebra, 2 purple dye shells (Murex triniculus), shale staff and a zoomorphic stone head.

11. As for no. 93 Toynbee would now revise dating to 3rd century.

12. Contained within wooden chamber, bone objects, gaming board, Medusa roundel, 2 flagons and 4 glass bottles: dated to c. 300. Under a mausoleum in the form of a Romano Celtic temple.

13. Contained gold chain (British Museum, 1958, pl. 1, no. 7), 2 gold rings with snake heads and a gold ring with a jacinth: dated to 3rd century and late 3rd/early 4th century (Toynbee, 1954b, no. 20 and Jessup, 1958, 30).

14. Perhaps 2 child burial: more than 1 skull in coffin.

15. Contained 2 jet pins, white stone cupid figurine on breast and 2 ivory sceptres. Large glass jars containing white liquid, pottery and 3rd century coins nearby but probably not associated.

16. Illustration shows only lead strappings.

17. Contained square glass bottle within stone cist: very near to shrine of Atenociticus but not necessarily associated.

18. Coin of house of Constantine in mouth (DN CONST....: 320-361). Report implies this and nos. 153 to 156 were orientated WNW/ESE. This is not however stated for nos. 152, 153 and 156. Position of heads is not stated for any nor is there any mention of mineral fillings. Evans talks of the early (i.e. Roman rather than Saxon) burials as being oriented (Evans, 1897, 341). There were at least 50 wooden coffins aligned WNW/ESE here.

19. Contained ossuarium no. 23 (see section 2) and 2 pairs of glass flasks mouth to mouth. These flasks are dated to the early 4th century elsewhere in York through association with a coin of Crispus (R.C.H.M., 1962, 140).

20. Contained 7 necklaces, 16 jet pins, 2 glass bottles (similar but probably later than those mentioned in note 19) and 2 coins (1 Severan c. 200).

21. Contained black pot and pipette-shaped glass unguent bottle (35 cm long) which is probably post-300 (R.C.H.M., 1962, 140).

22. Whitish layer at the bottom of a stone coffin with a lead inner coffin was thought by Moore to be adipocere, the product of the effect of moisture on a decaying body (Moore, 1880, 297).

23. Contained bronze bracelets, jet rings, pins and bracelet.

24. Nails in situ under edge of lid and in top of sides. Bone hairpin and 2 glass bottles in nearby wooden casket.

25. Contained clear blue glass lachrymatory: Toynbee now dates to 3rd century or later (cf. note 11 supra). Ramm says 4th century.

26. Possibly in a tumulus.

27. Apparantly not in a wood coffin.

28. No. 80 was within no. 241: presumably a child of another burial and contained a small pottery jar c. 8 ins tall.

29. Coin: Winchester City Museum, c. 1822 donated as "found with body of woman". As RIC 668/669 140-144 A.D.: Rome.

ANALYSIS: SECTION 2 (OSSUARIA)   See key pp. 48–52 for column headings

No.	A	D	C	E	N	H	L	M	
1.	100	47	38	Cs	a	AM	–	Dated to c. 130 or later.	Circular
2.	90	22	30x20	Ct	b	o	–	Later than mausoleum c. 200.	Rectangular
3.	o	40	20	o	c	o	o		Circular
4.	o	20	23	o	d	o	–		Circular
5.	o	25	18	o	e	o	–		Circular
6.	150	38	18	o	o	o	o		Circular
7.	o	33	28	o	a	o		Glass bottle and fine pottery cup.	Circular
8.	o	o	o	o	o	o		Coin of Magnentius (350–353).	
9.	o	25	25	Ct	d2	o	–	Within same cist.	Circular
10.	o	23	23	Ct	d2	o	–		Circular
11.	o	o	o	o	o	o	o	Lead cap for pottery urn.	
12.	o	o	o	o	d3	o	o		Circular
13.	o	28	22	Ct	a2	o	o		Circular
14.	o	35	33x33	Ct	b	o		Large glass vase c. 70–100.	Rectangular
15.	o	o	o	o	o	o		Castor war beaker?	Circular
16.	150+	34	26	c	a3	o	o		
17.	150+	o	o	o	o	o	o		Circular
18.	150+	36	24	o	a	o	o	Large glass urn (as in no. 14)	
19.	150+	o	o	o	o	o	o		Circular
20.	o	20	14	o	a4	o	o		Circular
21.	o	19	20	0	a	o	o	2 denarii of Vespasian.	Circular
22.	o	o	45x45	o	b?	o		Large glass urn.	Rectangular
23.	o	14+	15	–	f	C	–	Inside coffin no. 204.	Circular
24.	o	38	25	o	f	C	o	Inscribed: see Appendix 3. p. 77	Circular
25.	o	15	25	o	f2	o	o		Circular
26.	o	o	o	o	o	o	o	Near 3rd century coins.	
27.	o	o	o	o	o	o	o	Bronze vase and bowl, glass vessel, Castor-ware cup and 'calcined bones'. Perhaps in a wooden coffin.	Circular

65

ANALYSIS OF DECORATION

Column	Details	Symbol used
A	**Extent of decoration**	
	Plain	P
	No information - at all	o
	re. lid	o1
	re. one end	o2
	re. both ends	o3
	re. one side	o4
	re. both sides	o5
	Decorated - lid only	1
	lid & one end only	2
	lid and ends only	3
	lid and sides only	4
	lid and ends and sides	5
	sides and ends	6
	one end only	7
	sides only	8
	unclear/indeterminate	9
	fragment only	10
B,C & D	**Elements of decoration**	
	Linear cord moulding in relief:	
	of indeterminate width, spacing and shape	A
	a series of rhombic, raised blocks c. 7 mm apart but of indeterminate length and breadth Fig. 4:1 p. 21	A2
	a plain convex moulding with diagonal lines scored at 1 cm intervals. Fig. 4:2 p. 21	A3
	a series of raised blocks with straight parallel longitudinal edges and cyma recta outline transverse edges, of indeterminate distance apart. Approx. breadth: 13-15 cm. Fig. 4:3 p. 21	A4
	as A2: rhombs of 12 mm width, only slightly apart. Fig. 4:4 p. 21	A2a
	as A4 but quite indeterminate dimensions & spacing.	A4a
	"herringbone band" - probably cord moulding.	A5
	twisted cord moulding. Fig. 4:7 p. 21	A6
	cord moulding 12 mm wide. Fig. 4:11 p. 21	A7

similar to A4 with lozenges between raised blocks.
Fig. 6:7 p. 23.   A8

series of oval mouldings $\underline{c}$. 1 cm wide arranged
diagonally. Fig. 4:12 p. 21.   A9

scaly cable moulding $\underline{c}$. 6 mm wide. Fig. 4:13
p. 21.   A10

plain convex moulding   A11

Linear bead and reel moulding (astragal)

of indeterminate width, spacing, shape of reel and
bead and number of reels.   B

Single reel

of indeterminate dimensions or shape   B2

with $\underline{c}$. 4½ cm long tapering bead. Fig. 4:15, p. 21   B2a

with $\underline{c}$. 2½ cm long tapering bead and stubby reel.
Fig. 4:6, p. 21   B2b

with $\underline{c}$. 2 cm long stubby bead and thin reel.
Fig. 4:10, p. 21.   B2c

Double reel

of indeterminate dimensions or shape   B3

of indeterminate dimensions with a tapering bead.   B3a

with $\underline{c}$. 8 mm long tapering bead. Fig. 4:16, p. 21   B3c

as B3c but with a 4 cm long bead.   B3d

with c. 5 cm long tapering bead. Fig. 6:8, p. 23   B3x

of indeterminate dimensions with a stubby bead.   B3n

with $\underline{c}$. 1½ cm long stubby bead. Fig. 4:5, p. 21   B3o

with $\underline{c}$. 2½ cm long stubby bead. (1 cm broad),
Fig. 4:17, p. 21   B3p

as B3c but with $\underline{c}$. 3 cm long beads   B3g

as B3p but wider ($\underline{c}$. 2 cm) Fig. 6:6, p. 23   B3t

with $\underline{c}$. 1 cm long concave edged bead. Fig. 6:5, p.23 B4

Treble reel

As B4 with 4 cm long tapering bead.   B4a

Shellfish representational relief moulding

hinged (i.e. with a cross bar at foot of valve)
and of indeterminate size.   P

without hinge and of indeterminate size.   Pa

Pecten maximus: with hinge $\underline{c}$. 9-10 cm high.
Fig. 5:1, p. 22   P2

with hinge $\underline{c}$. 7-8 cm high   P3

no evidence for hinge but trace of
ear - $\underline{c}$. 12 cm high   P4

as P2 but with broader stem   P6

3 different sizes (indeterminate)
on one lid - wide stemmed and
hardly any type of hinge   P7

16 rayed, of indeterminate size with hinge and bulb
projecting at base (Rackett, 1814, pl. 25).   P5

Circular ornaments

plain convex circular moulding, 2-5 mm wide:

c. $4\frac{1}{2}$ cm in diameter	C2
c. $2\frac{1}{2}$ cm in diameter. Fig. 5:2, p. 22	C3
of indeterminate diameter	C4
c. 10 cm diameter	C5
c. $3\frac{1}{2}$ cm diameter	C6
c. 8 cm diameter	C7
c. 4 cm diameter	C8

'concentric circles': possibly patera type ornament.	X
2 concentric circles, $6\frac{1}{2}$ and 9 cm in diameter: possibly flanged paterae.	X2
ibid.: $6\frac{1}{2}$ and 4 cm in diameter.	X3

Sundry

'small masks': 2 in number.	Z
'sword shaped' linear moulding. Fig. 6:3, p. 23	F
circular disc relief moulding. Fig. 4:14, p.21	E
female head with stylised locks, jewel in hair(?). necklace and Celtic features. Fig. 5:3, p. 22	Y
cavalryman. Fig. 7:1, p. 24	Y2
crescent-shaped collar(?) with birds head terminals. Fig. 5:4, p. 22	W
quatrefoil rosette relief moulding. Fig. 5:5, p. 22	T
'plain relief linear moulding': nature uncertain.	S
linear moulding of raised dots. Fig. 4:9, p.21	R
biga advancing to right (Luna?).	R2
'arched' linear relief moulding with row of raised dots either side. Fig. 4:8, p. 21	Q
'Celtic yokes' (?). Fig. 7:2, p.24	N
Medusa head roundels (?) in relief with:	
border of raised dots, c. 6 cm in diameter.	V
border of cable pattern, c. 7 cm in diameter.	V2
vase containing torches. Fig. 6:1, p. 23	U
lions: walking right. Fig. 6:2, p. 23	N2
crouched.	N3
no information.	o
no decoration.	-
Bacchic group: draped maenad with thyrsus and vine garland, 2 styrs beneath. Fig. 6:4, p. 23	G
figures of Minerva with spear, of uncertain size.	H

E, F & G   Arrangement of decoration

Emphasis of longitudinal axis. Linear features

Central bar -	for whole length.	B2
	for central portion.	B3
	for two thirds of length.	B4
	for one third of length at one end.	B5

Semi-lozenges (V-shaped compartments) -
    at one end (prob. head) with apex inwards.   C2
    at foot end inverted.   C3
Vertical bars - 6 side by side in one third of length
at one end.   D
Bars at edges - along all 4 edges.   E2
                 along 2 long edges (sides) only.   E3
Transverse bars - at apex of semi-lozenge (V-shape)   F2
                 8 in no. dividing into 9 panels.   F3
                 4 in no. dividing into 5 panels.   F4
St. Andrew's Crosses -
    1 at 1 end (with no circles in angles unlike others -
    see G6).   G2
    2 in alternate panels, feature V2 between.   G3
    3 for two thirds of area at one end.   G4
    3 in central 3 of 5 panels.   G5
    4 in line for whole length (except see G2 <u>supra</u>)   G6
Lozenges (diamond shapes) -
    1 for central one third of length.   H

Non-linear features

Pectens (scallops) -
    1 at 1 end, hinge away from end.   I2
    1 at 1 end, hinge away from end, in $\frac{1}{2}$ lozenge.   I3
    1 at 1 end, hinge towards end, in $\frac{1}{2}$ lozenge.   I4
    1 at apex of $\frac{1}{2}$ lozenge, hinge away from apex.   I5
    2:1 in each bottom corner, hinge up.   I6
    3:1 each in 2 lozenges and 1 in $\frac{1}{2}$ lozenge.   I7
    3 in group triangularly at 1 end, hinge to end.   I8
    3 in group triangularly at 1 end, in a $\frac{1}{2}$ lozenge,
      hinge away from end.   I9
    3 in group triangularly, hinge down.   I10
    5 in triangle within $\frac{1}{2}$ lozenge at 1 end.   I11
    6:3 either side of central bar in row, hinge inwards.   I12
    groups of 2,3,4 in 4 of 5 panels (see note 9).   I13
Circles - 3 small in angles of St. Andrew's Cross at foot. J2
    Groups of circles in separate panels.   J3

Other features - see opposite page
    V2 - (Medusa heads) in central compartment of
        alternate panels.   K1
    N2 - (Lions) in pairs, confronted with feature U
        (vase) between: in alternate panels.   K2
    F - ('sword') horizontally beneath pair of lions
        (as in K2) in one panel.   K3
    G - Bacchic group in $\frac{1}{2}$ lozenge at head end.   K4
    H - 2 figures of Minerva, 1 in each top corner
        of top panel.   K5
        Various features as detailed in lozenges and
        St. Andrew's Crosses and other angles.   K6

<u>No axial emphasis: Linear features</u>

Central bar -	for whole length.	L2
	for central part of length.	L3
St. Andrew's Crosses -		
	1 covering whole of area.	M2
	1 for central one third of length.	M3
	2 each for ½ of length.	M4
	2:1 towards each end in the field.	M5
	3 in row in field, haphazardly aligned.	M6
	3 in line for whole length.	M7
	4 in line for whole length.	M8
	5 in line for whole length.	M9
	6 in line for whole length.	M10
	7 in line for whole length.	M11
	'St. Andrew's Crosses': indeterminate.	M12
Bars at edges -		
	along all 4 edges.	N2
	along 2 edges (sides) only.	N3
	only on upper edges of sides, 11 cm down.	N4
Transverse bars -		
	1 between 2 St. Andrew's Crosses.	P2
	5 between St. Ansrew's Crosses.	P3
Lozenges -	'all over': uncertain extent.	Q2
	2: either side of central St. Ansrew's Cross.	Q3
Other linear features -		
	chevron, zigzag pattern for whole length.	R2
	'triangles and squares': uncertain nature.	R3
	pentagonal compartment on fragments.	R4
	'crossed cable pattern': uncertain nature.	R5

<u>Non linear features</u>

Pectens -	1 in field at end.	S2
	1 within pentagonal compartment on fragment.	S3
	Singly in angles of linear pattern.	S4
	2 side by side, hinge down on ends.	S5
	pairs in angles of linear pattern.	S6
	2 vertical on end, hinge to hinge.	S7
	3 on each side in field, in line side by side.	S8
	6:3 either side of central bar, in row side by side with hinge inwards.	S9
	at random in lozenges and angles.	S10
	'all over in lozenges': indeterminate.	S11
	random: including 6 at ends of rays of 8 ray star - see schematic Fig. 8.1, p. 25.	S12

Circles –   in angles of St. Andrew's Crosses,
                 aligned and arranged haphazardly.   T2
              in angles of chevron pattern.   T3
              in the field.   T4
              13 interlocking in a line on the lid.   T5
              2 large, at apices of lozenges.   T6
              'circles in triangular and square spaces'.   T7

Other features –   see page 68
     Y –   (female head) in angle of St. Andrew's Cross.   V2
     W –   (collar) in angle of St. Andrew's Cross.   V3
     E –   (discs) midway along arms of St. Andrew's
            Cross.   V4
     T –   (rosette) at central point of St. Andrew's
            Cross.   V5
     N –   (Celtic yokes) centrally in lozenges and
            midway along sides.   V6
     V –   (Medusa heads) in angles of St. Andrew's
            Crosses.   V7

ANALYSIS: Section 1 (coffins)

Where coffins are omitted there is either no evidence as to whether it was decorated or plain, or it is known to have been plain in which case it is listed below.   An explanation of all symbols will be found in the key on pp. 66ff.

| | Ext. of decor. | Elements of decoration | | | Arrangement of decoration | | | |
| | | Lid | Ends | Sides | Lid | Ends | Sides | |
	A	B	C	D	E	F	G	
21.	4							Notes 1,2
24.	7							Note 3
25.	1							Note 4
26.	1							Note 2
28.	8							Note 1
34.	o							See App. 2
37.	8							note 6
38.	8							Note 1
41.	8							Note 1
44.	9							Note 5
46.	1	B3,P	-	-	E2,H,B5,C2,I2,I8	-	-	Note 6
47.	1	B3o,P2	-	-	L2,S9	-	-	Note 7
48.	10		B,X,Z		-			Note 7
49.	o	o	o	o	o	o	o	Note 7
53.	1	A6	-	-	N2,M6	-	-	
54.	5	B2b,C2,C3	B2b,C2	B2b,C2	G2,G6,T2,J2	M2,T2	M8,T2	
56.	1	Q	-	-	L3,M8	-	-	
58.	1	R	-	-	M11,N3	-	-	
59.	5	o	o	o	Q2,S11	o	o	
60.	3	B2b,P2,C2	P2,C2	B2b,P2,C2	R2,S4,T3	S2,T4	R2,S4,T3	Note 8
61.	4,o3,o4	B2,C4,P	o	B2,C4,P	E3,I13,J3	o	R2,S6	Note 9
64.	1	o	-	-	o	-	-	

No.								Notes
65.	2	A7,C5	A7	–	M10,T2	M2	–	
66.	1	C5	–	–	T5	–	–	
68.	1,03,05	A9,C2	o	o	M8,T2	o	o	Note 11
70.	10	A10,C8	A10,X2,Y,W	o		M2,T2,V2,V3	–	
80.	1	P2,A7	–	–	G4,J3	–	S2	
84.	5	A3,T,E	P2	P2	S12	S8	–	Note 24
88.	1	A2,P2	–	–	M2,V4,V5	–	–	
89.	3,02	A,Pa	P2	–	C2,E2,F2,I3	N2,S7	–	
90.	3,02		Pa	–	B3,C3,G2,I9	S5	–	
91.	5	A4,C6,C7,N	A4,C7,N	A4,C6,C7,N	N2,M3,Q3,T6,T4,V6	T4	M8	Note 12
92.	5	A	A	A	M8	M2	G2,P3,V7	
101.	5	B2a,V	B2a,V	B2a,V	G2,P3,V7	M2,V7	–	
102.	1,03,05	B3c,V2,N2,U,F	o	o	F3,G3,K1,K2,K3	o	–	
103.	o	B3o,P3,G	A	P3	B4,C2,E2,I12,K4	R5	S8	
105.	5	A2a,P2	P3	–	C2,C3,B3,I4,I9	S2	–	
107.	3	B3p	P2	–	N2	I7,N2	–	
108.	1	A4	–	A4	M4	–	M4	Note 18
112.	5	B3,P5,H	A4	–	E2,F4,G5,I6,K5	M2	–	
113.	10	B3g,P6	P4,B30	–	E2,G4,D,I10	R4,S10	–	
127.	1,03,05		–	B	N2,M8,S3	–	–	
128.	1,02		P,B3	–	o	–	–	
129.	2,02	P,B3		A	o	M11,S5	–	
130.	6	–	B	o	o	–	–	Note 13
131.	o	o	o	–		o	o	Note 14
132.	8,01	o	–	A		–	M12	No lid
133.	o	o	o	o		o	o	Note 15
134.	3	B4	B4,B4a	–	N2,M2	–	–	
135.	1	A	–	–	N2,M8	–	–	
136.	1,03,05	A,P7	–	–	B4,E2,C2,I2,I11	–	–	Note 16

No.							Notes
138.	10	o	P,B	–	–	–	–	Note 17
142.	9	o	o	o	o	o	o	
162.	10	–	A5	–	o	o	o	
172.	8	o	–	A5	–	–	N4	
173.	1	o	o	o	o	o	o	Note 18
175.	10	o	o	o	o	o	o	Note 19
181.	1	P3,B3+N	–	–	B4,C2,E2,I4,I12	–	–	Note 20
192.	1	A8	–	–	M9,P3	–	–	
220.	0	o	o	o	o	o	o	See Note 23
222.	10		N2,Y2,R2,B3x, X3			M7,K6		
223.	10	o	o	o	o	o	o	Note 21
225.	10	o	o	o	o	o	o	Note 22
240.	10	B	o	o	M12	o	o	Palm branches
242.	5	o	o	o	o	o	o	
243.	0	o	o	o	o	o	o	As no. 60
238.	7	–	o	–	–	G2	–	

Plain: 1–4, 6–10, 22, 23, 27, 40, 42, 43, 45, 57, 62, 63, 67, 71, 73, 75–78, 81–83, 93–100, 106, 109–111, 139, 141, 144–149, 152–156, 163, 164, 177, 180, 182–184, 199, 200, 209, 224, 228, 229, 233–237, 239, 241.

NOTES

1. A plain convex bar moulding, in places almost cording, runs around the bottom edge of each side c. 5 mm wide. This feature is also present on coffins nos. 28, 37, 38, and probably a similar feature on nos. 41 and 60. It is hardly decorative, being often out of sight, or structural and may well have served as a line to mark where the lead sheet should be bent.

2. There is a trace of cable moulding along part of 1 edge of the lid. As with plain beading on nos. 25 and 26 this may be decorative or a bending line.

3. A faint St. Andrew's Cross has been incised on one end, probably the head end. It is fashioned with 2 grooves 1 mm wide and 21 and 28 cm long made with a pointed tool.

4. Imitation cordoning around edges of lid made with short impressions c. 2 cm long. Unidentifiable moulding on lid may be unintentional or deliberate; the rest of the lid is smooth so it may be the latter. (See Fig. 8:2, p. 25.

5. Fine band of beed and reel along bottom edge of both sides (see note 10).

6. There was 'some decoration': drawings made by Flower are with A. Pitt-Rivers at the Manor House, Hinton St. Mary.

7. V.C.H. and R.C.H.M. contradict each other. The decorative elements and arrangements detailed above are as per the latter's interpretation. The former would see no. 48 with the same style of decoration as no. 47 and does not mention the decorated piece (no. 48 above), which is quoted (R.C.H.M. (Eng.), 1928, 164) as being in the British Museum. If this is correct, then this piece may be part of a 4th or 5th coffin from East Ham (Gomme, 1887, 77 - nos. 49 and 50 above).

8. Lines of beading on bottom of sides and ends (see note 1).

9. Bars dividing panels on lid unparallelled (Smith, n.d., fig. 14, no. 4) unless similar to those on no. 56 (Fig. 2.8, p. 2). Blocks in central lid compartment said to carry figures of people sacrificing.

10. 'Short moulded batten impressions' on underside of lid: inaccessible and nature unknown.

11. A decorated coffin (fragmentary) in Colchester Museum has been assumed to come from Heybridge.

12. Truncated decoration on sides and ends suggests this was constructed as an adult's coffin and altered for a child.

13. Beaded line at bottom of sides and ends may be a bending line as in note 1.

14. 'Embossed with scallop shells'.

15. Upper part of 'scallops and crotister border'.

16. Some form of swastika ornament was recognised on lid.

17. A complicated panel arrangement in cable pattern with some 6-ray crosses is illustrated along with rosette and patera type ornament on the underside (Smith, 1880, pl. 19a, figs. 1-3). The lead had probably been reused. The rosette is very similar to that on no. 88 (Fig. 5:5, p. 22).

18. Both coffins have St. Andrew's Crosses incised on lid (no. 108 at head and no. 173 no details): cf. note 3 for no. 24.

19. 'Criss-crossed cable lines forming a network pattern'.

20. Arrangement is similar to Holborough (no. 105) except that Bacchic group (feature G) at head is replaced by a pecten.

21. Some kind of 'raised pattern' thereon.

22. 5 fragments of a decorated Roman lead coffin have been in Dumfries Museum since 1889, of unknown provenance. They are uniquely elaborate in Britain with borders of pairs of leaves, stylised buds, a frontal chariot group, 'nail head' roundels and a head (Toynbee, 1966, 80). The head may be Romano-Celtic in style. Some features can be parallelled in the East and some cannot. The head suggests this coffin was manufactured in the Western provinces but whether it was imported in the 19th century or not cannot be decided.

23. This was in 3 pieces, all inscribed. 2 long pieces, preumably the sides of the coffin, carry C-Ɔ CAMULORIS on one and CAMU ORIƧ HOI on the other. The most plausible expansions are 'Centurionis Caii Camuloris' and 'Camuloris Hic Ossa Iacent'. The 3rd piece has a central projecting boss with an ornamental metope either side; this is presumably one of the ends. One of the metopes probably has an A on it. Nash Williams would see it as dating from the 5th century, presumably late 5th century if it represent Gallic Latin (Painter, 1971, 158), There is no reason why it should not be earlier, 4th or even 3rd century, since the immediate area produced coins of Carausius. However, the name does occur elsewhere in 'early Christian' Wales so it could be later. The lettering was sand cast and then incised with a sharp pointed tool for clarity.

24. See Fig. 8:1 p. 25 for schematic representation.

ANALYSIS: Section 2 (ossuaria)

All ossuaria are plain except for:

No. 1: 3 horizontal bands of bead and reel, of indeterminate type, run around the top, bottom and just below middle of the ossuarium. There are 3 vertical plain raised bands, evenly spaced, between the upper two.

No. 2: A band of bead and reel - stubby bead and double reel - runs around the upper edge of all four sides of the rectangular body. Bars of the same form a St. Andrew's Cross between two transverse bars on the lid.

No. 4: 6 parallel incised lines run around the body of the ossuarium, that is the lower two thirds. They are grouped in 3 pairs, close together, one at top and bottom and one centrally.

No. 16: 4 pairs of concentric circles are spaced evenly around the body of the ossuarium. Each pair consists of an inner circle 8 cm in diameter within an outer 12 cm in diameter: both plain raised mouldings.

No. 17: Plain except for a small eight rayed star on the underside of the base, apparently in relief.

No. 18: The upper half of the body is demarcated at the top by a band of bead and reel - stubby bead and one reel - and at the bottom by a band of plain moulding. Within this space, there are three blocks of decoration depicting Sol driving his quadriga to right, which are evenly spaced around the ossuarium and interspersed with St. Andrew's Crosses of bead and reel in the field.

No. 24: Inscribed to Julia Felicissima by her parents: probably c. 100 A.D.

BIBLIOGRAPHY AND ABBREVIATIONS

Acland, C. L., 1880, Discovery of a Roman lead coffin, Arch. J., 37, 211.

Acland, J. E., 1917, Notes on the site of an ancient burial ground, S.D.N.Q., 15, 91.

Akerman, J. Y., 1865, An ancient cemetery near Frilford, P.S.A., 3, 136.

Allies, J., 1840, Antiquities of Worcestershire, London.

Annable, F. K., 1960, Storridge Farm, Westbury. A Roman lead coffin, Wilts. A.M., 57, 402.

Annable, F. K., 1963, Romano-British burials at Devizes, Wilts. A.M., 58, 222.

Anon., 1864, Proceedings at meetings of the Society, L.M.A.S., 2, 267.

Anon., 1869, Notes on sepulchral remains found at Colchester, Essex A.S., 4, 257.

Anon., 1878, Roman remains at Crayford, A.C., 12, 429.

Anon., 1880, Discovery of Roman lead coffins at Sandy, Bedfordshire, Arch. J., 37, 343.

Anon., 1938, A Roman Coffin found at Colchester, Essex Review, 47, 103.

Anthony, I. E., 1968, Excavation in Verulam Hills field, St. Albans, Hertfordshire Archaeology, 1, 9.

Ant. J., Antiquaries Journal.

Arch., Archaeologia.

Arch. Camb., Archaeologia Cambrensis.

A.C., Archaeologia Cantiana.

Arch. J., Archaeological Journal.

Arnold, A., 1878, A Roman coffin of lead found at Chatham, A.C., 12, 430.

Arnold, A., 1887, Roman remains found near Quarry House, Frindsbury, A.C., 17, 189.

Babington, C., 1844, Roman antiquities found at Rougham, P.S.A.I., 4, 257.

Baigent, F. J., 1864, Discovery of a leaden coffin at Bishopstoke, Hampshire, J.B.A.A., 20, 88.

Baily, J. W., 1872, Objects from recent excavations in the City, J.B.A.A., 28. 75.

Bellairs, Major, 1878, The discovery of leaden coffins, Leics. A.A.S., 4, 246.

Bigge, M., 1878, Roman discoveries, Arch. J., 35, 88.

Boon, G. C., 1972, Isca, Cardiff.

Bowes, H., 1933, Untitled, Eastern Daily Press, 28th June, 1933.

Bowyer Smith, W., 1863, Roman antiquities, P.S.A., 2, 184.

Boyle, E. F., 1865, Roman sepulchral remains at East Ham, Essex A.S., 3, 104.

British Museum, 1958, Guide to the Antiquities of Roman Britain, London.

Bull, F. W., 1912, Some Romano-British objects from Kettering, P.S.A., 24, 223.

Calkin, J. B., 1952, A Romano-British cist burial of a beheaded woman at Studland, P.D.N.H.A.S., 74, 51.

Camden, W., 1789, Britannia (ed. Gough), London.

Clapham, A. W., 1922, Roman mausolea of the cartwheel type, Arch. J., 79, 93.

Clifford, E. M. and Brothwell, D. R., 1957, A Romano-British burial at South Cerney, Gloucestershire, T.B.G.A.S., 76, 157.

Colibert, E., 1876, A Roman city in Spain, P.S.A., 6, 473.

Conway Walter, J., 1897, Leaden coffins found at Horncastle, The Reliquary and Illustrated Archaeologist, N.S., 3, 120.

Cuming, H. S., 1858, Roman coffin discovered at Shadwell, J.B.A.A., 14, 355.

Cunliffe, B., 1969, Roman Bath, Oxford.

Cunnington, M. E., 1932, Romano-British Wiltshire, Wilts. A. M., 45, 166.

Curwen, E. C., 1943, A Roman lead cistern from Pulborough, Ant.J., 23, 156.

Curwen, E. C., 1944, A Roman lead cistern from Lickfold, Sussex Notes and Queries, 10, 1.

Dack, C., 1899, The Peterborough Gentlemans' Society, J.B.A.A., 55, N.S.5, 141.

Donovan, H. E., 1934, Excavation of a Roman building at Bourton on the Water, T.B.G.A.S., 56, 99.

Douglas, J., 1785, On an ancient sword, Arch., 7, 376.

Dudenay, J., 1871, Leaden coffin found at Wellingham, Sussex, S.A.C., 23, 327.

Elger, T. G., 1879, The discovery of two Roman coffins, P.S.A., 8, 201.

Essex A.S., Transactions of the Essex Archaeological Society.

Evans, A. J., 1897, A Roman villa at Frilford, Arch. J., 54, 340.

Falkner, R., 1853, The discovery of a leaden coffin, Arch. J., 10, 61.

Falkner, R., 1855, Some remains assigned to the Roman period, Arch. J., 12, 283.

Fell, C., 1956, Roman burials found at Arbury Road, Proceedings of the Cambridge Antiquarian Society, 49, 13.

Ferguson, R. S., 1879, Some recent Roman finds, T.C.W.A., 4, 323.

Ferguson, R. S., 1893, Roman cemeteries at Carlisle, T.C.W.A., 12, 365.

Fitch, R., 1864, Notice of a leaden coffin discovered at Heigham, Norfolk Archaeology, 6, 213.

Fosbrooke, T. D., 1819, History of the City of Gloucester, London.

Franks, A. W., 1864, Discovery of a sepulchral cist of lead, P.S.A., 2, 376.

Freer, Major, 1905, A Roman lead coffin, Leics, A.A.S., 9, 15.

Frend, 1955, Religion in Britain in the fourth century, J.B.A.A., 18, 1.

Freshfield, E., 1878, Some discoveries at Winchester, P.S.A., 7, 486.

Fullbrook Legatt, L. E., 1933, Glevum, T.B.G.A.S., 55, 55.

Gibson, J., 1819, A commentary upon part of the fifth journey of Antoninus through Britain, London.

Gomme, G. L. (ed.), 1887, The Gentlemans Magazine library of Romano-British Remains, London.

Gough, R., 1786, Sepulchral Monuments, London.

Gray, H.St.G., 1902, The Walter collection in Taunton castle museum, P.S.A.S., 48, 24.

Gray, H.St.G., 1905a, A Roman leaden coffin found at Marnhull, S.D.N.Q., 9, 5.

Gray, H. St.G., 1905b, A leaden coffin found near Wiveliscombe, S.D.N.Q., 9, 8.

Gray, H.St.G., 1905c, The Norris collection in Taunton castle museum, P.S.A.S., 51, 136.

Gray, H.St.G., 1915, Roman lead coffins from Somerset, S.D.N.Q., 14, 335.

Gray, H.St.G., 1917a, Leaden coffin found at Cann, P.D.N.H.A.S., 38, 68.

Gray, H.St.G., 1917b, The Arthur Hall Collection, Chard, P.S.A.S., 63, 117.

Gray, H.St.G., 1922, Roman coffins discovered at Keynsham, Ant.J., 2, 371.

Gray, H.St.G., 1926, A leaden coffin from Bedminster Down, P.S.A.S., 72, 91.

Gray, H.St.G., 1933, Roman coffins found at Ilchester, <u>P.S.A.S.</u>, 79, 102.

Gray, H.St.G., 1946, The archaeology of the neighbourhood of Wiveliscombe, <u>P.S.A.S.</u>, 92, 65.

Green, C. J., 1966, Interim report on discoveries in the Roman cemetery at Poundbury, Dorset, <u>P.D.N.H.A.S.</u>, 88, 108.

Green, C. J., 1968, Interim report on excavations in the Roman cemetery at Poundbury, Dorchester, <u>P.D.N.H.A.S.</u>, 90, 171.

Green, C. J., 1972, Excavations for the Dorchester Excavation Committee: Interim Report, 1972, <u>P.D.N.H.A.S.</u>, 94, 80.

Green, C. J., 1973, Interim report on the excavations at Poundbury, Dorchester, 1973, <u>P.D.N.H.A.S.</u>, 95, 97.

Grover, 1881, Recent discoveries at Warwick Square, <u>J.B.A.A.</u>, 37, 88.

Guthrie, W. K., 1952, <u>Orpheus and Greek religion,</u> London.

<u>Hampshire Chronicle</u>, 26/10/1877 and 2/11/1877.

Haverfield, F. J., 1918, Roman Leicester, <u>Arch. J.</u>, 25, 1.

Hawkes, C. F., 1946, Roman Ancaster, Horncastle and Caistor, <u>Arch. J.</u>, 103, 17.

Hawkes, C. F. and Hull, M. R., 1947, <u>Camulodunum,</u> Oxford.

Hawkins, 1853, The discovery of a Roman sarcophagus, <u>Arch. J.</u>, 10, 255.

Hayward, L. C., 1958, The Roman villa at Ilchester Mead, Somerset, <u>S.D.N.Q.</u>, 205.

Henslow, 1844, The Roman tumulus, Eastlow Hill, Rougham, <u>P.S.A.I.</u>, 4, 271.

Herdman, D. W., 1933, Lead vessels from Bourton on the Water, <u>T.B.G.A.S.</u>, 55, 377.

Hood, S. and Walton, H., 1948, A Romano-British cremating place and burial ground on Roden Down, Compton, Berkshire, <u>Transactions of the Newbury District Field Club</u>, 9, no. 1, 10.

Honeyman, H. L., 1936, A grave at Condercum, <u>Proceedings of the Society of Antiquaries of Newcastle,</u> 4th series, 7, 50.

Hudd, A. E., 1887, A Roman interment discovered near Farnborough, <u>P.S.A.</u>, 11, 313.

Hughes, H. H., 1926, A lead coffin found at Rhuddgaer, Anglesey, <u>Arch. Camb.</u>, 81, 7th series, 6, 377.

Hugo, T., 1854, On the Haydon Square sarcophagus, <u>J.B.A.A.</u>, 9, 161.

Hull, M. R., 1931, <u>Colchester and Essex Museum Annual Report</u>, Colchester.

Hull, M. R., 1932, <u>Colchester and Essex Museum Annual Report</u>, Colchester.

Hull, M. R., 1933, <u>Colchester and Essex Museum Annual Report</u>, Colchester.

Hull, M. R., 1958, Roman Colchester, Oxford.

Hutchins, J., 1870, History of Dorset, 3rd edition, 4, London.

Irvine, J. T., Antiquities at Cirencester and Berkeley, T.B.G.A.S., 3, 256.

Jackson, J. E., 1862, History of Wiltshire, after Aubrey, Devizes.

J.B.A.A., Journal of the British Archaeological Association.

Jessup, R. E., 1958, A Roman lead coffin from Rochester, A.C., 72, 227.

Jessup, R. E., 1930, The archaeology of Kent, Canterbury.

Jessup, R. E., 1935, A Roman coffin found at Highstead, Ant. J., 15, 209.

Jessup, R. E., 1959, Barrows and walled cemeteries in Roman Britain,
    J.B.A.A., 3rd series, 22, 1.

Johnston, P. M.. 1932. Surrey & Sussex, 1932-3, J.B.A.A., 2nd series, 228.

King, H. W., 1862, A Roman lead coffin at Bethnall Green, L.M.A.S.,
    Evening Meetings' Proceedings for 18th March, 1862, 1860-1867, 76.

King, H. W., 1865, Comparative notes on the Roman sarcophagus and
    leaden coffins at East Ham, Essex, A.S., 3, 110.

Kraay, C. M., 1942, An early Christian object from Icklingham, Ant.J., 22,
    219.

Laver, H., 1889, Roman leaden coffins discovered at Colchester, Essex A.S.,
    New series 3, 273.

Lawson, P. H., 1928, Schedule of the Roman remains of Chester, Journal of
    the Chester & North Wales Archaeological & Historical Society, 27
    part 2, 163.

Leics. A.A.S., Transactions of the Leicestershire Architectural and
    Archaeological Society.

Liversidge, J., 1969, Britain in the Roman Empire, London.

L.M.A.S., Transactions of the London and Middlesex Archaeological
    Society.

Lower, M. A., 1848, An ancient coffer found at Willingdon, S.A.C., 1, 160.

Manning, P., 1898, Notes on the archaeology of Oxford, Berkshire, Bucking-
    hamshire & Oxfordshire Journal, 4, 39.

Mansell-Pleydell, J. C., President's Address, P.D.N.H.A.S., 14, 1.

Meates, G. W., 1958, Lullingstone, A.C., 72, lxiii.

McMillan, N. F., 1968, British shells, London.

Moore, N., 1880, Two Roman tombs, L.M.A.S., 5, 293.

Morgan, O., 1855, A remarkable Roman tomb, Arch. J., 12, 76.

Murray-Threipland, L., 1953, Part of a Roman lead coffin lid from Glamorgan, Ant. J., 33, 72.

Nash, Rev., 1781, Worcestershire, Volume 1, London.

Nash Williams, V. E., 1937, Roman burials at Caerleon, Arch. Camb., 92, 325.

Nash Williams, V. E., 1950, The early Christian monuments of Wales, Cardiff.

Neville, R. C., 1856, The discovery of a Roman interment, Arch. J., 13, 291.

North, 1870, The discovery of a small leaden tomb, Leics. A.A.S., 2, 275.

Painter, K. D., 1971, Villas and Christianity in Roman Britain, British Museum Quarterly, 35, 156.

Patten, T., 1974, The Roman cemetery on London Road, Carlisle, T.C.W.A., 74, New Series, 8.

Payne, G., 1874, Roman coffins of lead from Bexhill, Milton-next-Sittingbourne, A.C., 9, 164.

Payne, G., 1878, A Roman lead coffin at Chatham, P.S.A., 7, 415.

Payne, G., 1880, A Roman lead coffin found at Chatham, A.C., 13, 168.

Payne, G., 1893, Collectanea Cantiana, Canterbury.

P.D.N.H.A.S., Proceedings of the Dorset Natural History and Archaeological Society (Field Club).

Petch, D. F., 1957, Archaeological notes for 1957, Lincolnshire Architectural and Archaeological Society Reports & Papers, 7, 1.

Peers, R., 1968, A Roman burial in a lead coffin at Watton Hill, Bridport, P.D.N.H.A.S., 90, 169.

Phillips, C. W., 1934, The present state of archaeology in Lincolnshire, Part 2, Arch. J., 91, 97.

Philp, B., 1968, The excavation of the Roman cemetery at Keston, Kent Archaeological Review, 11, 10.

Piggot, J., 1873, Discovery of a Roman interment at Heybridge, Essex A.S., 5, 323.

Pilbrow, J., 1871, Discoveries made during excavations in Canterbury in 1868, Arch., 43, 151.

Pligg, H., 1901, Excavations upon the site of a Roman cemetery at Ecklingham Ecklingham Papers.

Pliny, C. Plinii Secundi: Historia Naturalis (Leiden, 1669).

Pollexfen, J. H., 1867, A Roman lead coffin, Essex A.S., Old series 4, 186.

Price, J. E., 1877, Roman London, Arch. J., 34, 197.

Prigg, H., 1853, On some supposed crucifixion nails, P.S.A.I., 6, 35.

Prigg, H., 1901, Excavations upon the site of a Roman Cemetery at Icklingham, Icklingham Papers.

P.S.A., Proceedings of the Society of Antiquaries of London, Second series.

P.S.A.I., Proceedings of the Suffolk Institute of Archaeology.

P.S.A.S., Proceedings of the Somerset Archaeological and Natural History Society.

Rackett, T., 1814, A lead coffin found in the Old Kent Road, Arch., 17, 333.

Radley, J., 1971, Yorkshire Archaeological Register for 1966, Yorkshire Archaeological Journal, 42, 1.

Ramm, H. G., 1958, Roman burials from Castle Yard, York, Yorkshire Archaeological Journal, 39, 400.

Ramm, H. G., 1971, The end of Roman York, in Soldier and Civilian in Roman Yorkshire, ed. Butler, R. M., Leicester, 179.

Rashleigh, P., 1808, An account of antiquities discovered at Southfleet, Arch., 14, 37.

R.B., Roman Britain.

R.C.H.M., The Royal Commission for Historical Monuments.

R.C.H.M. (England), 1926, Huntingdonshire, London.

R.C.H.M. (England), 1928, London: volume 3. Roman London, London.

R.C.H.M. (England), 1962, City of York, volume 1. Eburacum, Leicester.

R.C.H.M. (England), 1970b, Dorset, volume 3: Central, Edinburgh.

R.C.H.M. (England), 1970c, Dorset, volume 4: North, Edinburgh.

R.C.H.M. (Wales), 1937, Anglesey, London.

Read, C. H., 1886, A Roman child's coffin of lead, A.C., 16, 9.

Richmond, I. A., 1946, A Roman vat of lead from Ireby, T.C.W.A., new series, 45, 163.

Richmond, I. A., 1950, Archaeology and the afterlife in Pagan and Christian imagery, Oxford.

Robertson, G., 1975, Roman Camden, The London Archaeologist, 2, 250.

Rolleston, G., 1870, Researches and excavations carried on in an ancient cemetery near Frilford, 1867-8, Arch., 42, 417.

Rolleston, G., 1880, Further researches in an Anglo-Saxon cemetery at Frilford, Arch., 45, 405.

Roman Britain in 1934, Journal of Roman Studies, 35.

Roman Britain in 1949, Journal of Roman Studies, 40.

Roman Britain in 1952, Journal of Roman Studies, 43.

Roman Britain in 1954, Journal of Roman Studies, 45.

Roman Britain in 1958, Journal of Roman Studies, 49.

Roman Britain in 1971, Britannia, 3, 299.

Roman Britain in 1972, Britannia, 4, 271.

Roman Britain in 1976, Britannia, 7, 290.

Rutter, J., 1829, Delineations of the North Western divisions of the county of Somerset and its antedeluvian bone caverns, London.

S.A.C., Sussex Archaeological Collections.

Salmon, N., 1730, A Survey of England, volume 1, London.

Sansome, R. C., 1952, Notes on recent accessions, Records of Buckinghamshire, 15, 226.

Saunders, A. D., 1961, Excavations at Park Street, 1954-7, Arch. J., 118, 100.

Scarth, H. M., 1864, Aquae Solis, Bath.

S.D.N.Q., Somerset and Dorset: Notes and Queries.

Smith, A., 1941, A lead coffin found at Croco[ca]lana (Brough, Nottinghamshire), Transactions of the Thoroton Society, 45, 106.

Smith, C. R., 1846a, Notes on some leaden coffins discovered at Colchester, J.B.A.A., 2, 297.

Smith, C. R., 1846b, Notes on an ancient lead coffin discovered at Bow, Arch., 31, 308.

Smith, C. R., n.d. (not dated), Collectanea Antiqua, 3, London.

Smith, C. R., 1857, Collectanea Antiqua, 4, London.

Smith, C. R., 1868, Collectanea Antiqua, 6, London.

Smith, C. R., 1878a, A leaden circular vessel from Rochester, J.B.A.A., 34, 117.

Smith, C. R., 1878b, A Roman coffin found in Chatham cemetery, J.B.A.A., 34, 259.

Smith, C. R., 1880, Roman lead coffins and ossuaria in Collectanea Antiqua, 7, 170ff., London.

Smith, C. R., 1882, A Roman leaden coffin discovered at Canterbury, A.C., 14, 35.

Smith, H. W., 1887, A Roman lead coffin and other remains at Plumstead, Kent, The Antiquary, 15, 165.

Smith, R., 1903, Roman interments at Enfield, P.S.A., 19, 206.

Spurrell, F. C., 1889, Dartford Antiquities, A.C., 18, 304.

Steer, F. W., 1965, Letters of Thomas Dallaway, S.A.C., 103, 1.

Stukeley, W., 1776, Itinerarium Curiosum, London.

T.B.G.A.S., Transactions of the Bristol and Gloucester Archaeological Society.

T.C.W.A., Transactions of the Cumberland and Westmoreland Antiquarian and Archaeological Society.

Thomson, H., 1849, Discovery of a leaden coffin at Croydon, J.B.A.A., 4, 384.

Todd, M., 1969, Excavations at Margidunum, Transactions of the Thoroton Society, 73, 77.

Toynbee, J. M. C., 1953, Christianity in Roman Britain, J.B.A.A., 16, 1.

Toynbee, J. M. C., 1954a, The lead coffin from Holborough, A.C., 68, 34.

Toynbee, J. M. C., 1954b, Roman lead sarcophagi and cists from Kent, A.C., 42.

Toynbee, J. M. C., 1962, Art in Roman Britain, Oxford.

Toynbee, J. M. C., 1964, Art in Britain under the Romans, Oxford.

Toynbee, J. M. C., 1966, Fragments of a Roman decorated lead sarcophagus, Transactions of the Dumfriess and Galloway Natural History Society and Antiquarian Society, 3rd series, 43, 80.

Trollope, E., 1873, Durobrivae, Arch. J., 30, 126.

Tylor, A., 1884, New points in the history of Roman Britain, Arch., 48, 221.

Vatcher, H. F., 1967, Excavation and fieldwork in Wiltshire, 1967, Wilts. A.M., 62, 124.

V.C.H., Victoria County History.

V.C.H., 1900, Hampshire, volume 3, London.

V.C.H., n.d., Somerset, volume 1, London.

V.C.H., 1906, Berkshire, volume 1, London.

V.C.H., 1907, Leicestershire, volume 1, London.

V.C.H., 1911, Suffolk, volume 1, London.

V.C.H., 1926, Huntingdonshire, volume 1, London.

V.C.H., 1932, Kent, volume 3, London.

V.C.H., 1939, Oxfordshire, volume 1, London.

V.C.H., 1963, Essex, volume 3: Roman Essex, London.

V.C.H., 1969, Middlesex, volume 1, London.

Watkin, W. T., 1886, Roman Cheshire, Liverpool.

Way, A., 1864, Roman remains in East Ham, <u>Arch. J.</u>, 21, 83.

Weaver, L., 1907, A note on lead coffins, <u>The Antiquary,</u> 43, 372.

Weever, 1631, <u>Funeral Monuments,</u> London.

Wellbeloved, 1842, <u>Eburacum</u>, London.

Wheatley, S. W., 1927, Boley Hill, Rochester, <u>A.C.</u>, 39, 159.

Wheeler, R. E. M., 1929, A Roman pipe burial from Caerleon, Monmouth-
shire, <u>Ant. J.</u>, 9, 1.

Wilts. A.M., <u>Wiltshire Archaeological and Natural History Magazine.</u>

Wynn Williams, W., 1878, Leaden coffin: Rhuddgaer, <u>Arch. Camb.</u>, 33,
4th series 9, 136.

References which it has not been possible to trace

<u>Y.P.S.R.</u>, 1967, 50: <u>Proceedings of the Yorkshire Philosophical Society</u>
or probably just report for 1967 (re. no. 216).

Allison, J., Buxus sempervirens in a late Roman coffin burial, <u>New Phyto-
logist</u>, 1947, 46, 122. (re. no. 4).

Anon., 1853, <u>Notes of the Bedfordshire Architectural and Archaeological
Society,</u> 1, 21 (re. lead coffin at Oakley, Beds.).

www.ingramcontent.com/pod-product-compliance
Lightning Source LLC
Chambersburg PA
CBHW061302270326
41932CB00029B/3435